CONTATTI 1

a first course in

ITALIAN

second edition

MARIOLINA FREETH . GIULIANA CHECKETTS

Support Book

Hodder & Stoughton

A MEMBER OF THE HODDER HEADLINE GROUP

Orders: please contact Bookpoint Ltd, 130 Milton Park, Abingdon, Oxon OX14 4SB. Telephone: (44) 01235 827720, Fax: (44) 01235 400454. Lines are open from 9.00–6.00, Monday to Saturday, with a 24-hour message answering service.

British Library Cataloguing in Publication Data
A catalogue record for this title is available from The British Library

ISBN 0 340 84831 6

Second edition published 2002
Impression number   10 9 8 7 6 5 4
Year   2008 2007 2006 2005 2004 2003

Typeset by Transet Limited, Coventry, England.
Printed in Great Britain for Hodder & Stoughton Educational, a division of Hodder Headline 338 Euston Road, London NW1 3BH by The Bath Press, Bath.

Contents

Key to exercises   page 1

Recording transcripts   page 38

Key to exercises

UNITÀ 1

Focus

aranciata, patatine, gelato, birra, vino, Coca-Cola, Martini, cappuccino, succo di frutta, tè, acqua minerale, caffè

1 gelato	7 Coca-Cola
2 caffè	8 birra
3 acqua minerale	9 tè
4 cappuccino	10 patatine
5 succo di frutta	11 vino
6 aranciata	12 Martini

1 Cosa prendiamo?

b Un caffè, per favore.
Un panino, per favore.
Un tè, per favore.
Un cornetto, per favore.
Un cappuccino, per favore.

2

a *See recording script, page 39.*

c Scusi.
Dica?
Un cappuccino, per favore.
Quant'è?

3

a 1 Per me una Coca-Cola…
5 Ecco a lei
3 Per me una birra…
5 Va bene
4 Per me un cappuccino…
5 Mi dispiace…
4 Allora un caffè…

5 Per lei…?
6 Vorrei…

4

a

Masculine	*Feminine*
frullato	frutta
fico	fetta
succo	anguria
limone	banana
spumante	pesca
ghiaccio	

b

un	uno
concerto	studente
salame	spumante
museo	
presidente	
treno	
dottore	
esempio	
ospedale	
ufficio	

una	un'
rosa	agenzia
pizza	isola
televisione	oliva
patata	amica
studentessa	
segretaria	
sigaretta	

5

a Signora: una Coca-Cola
Bambino: un panino
Signore 1: una birra
Signorina: un'aranciata e un pacchetto di patatine
Signore 2: un caffè

b Un cornetto e un tè.
Per me un panino con una birra e un succo di frutta.
Una birra, una Coca-Cola e un pacchetto di patatine.
Un panino e un bicchiere d'acqua minerale.

6
See recording script, page 39.

7 I colori

a 1C   2F   3E   4B   5D   6A

b

rosso/a	**giallo/a**
pomodoro	limone
vino	sole
rosa	banana

azzurro/a	**verde**
mare	foglia
cielo	

c una rosa rossa
un pomodoro rosso
un vino rosso
un limone giallo
una banana gialla
un sole giallo
un mare azzurro
un cielo azzurro
una foglia verde

9

a

ice	ghiaccio
ice cubes	cubetti di ghiaccio
slice of lemon	fetta di limone
tonic water	acqua tonica
drops	gocce
sugar	zucchero
1 tsp of sugar	un cucchiaino di zucchero
glass	bicchiere
tomato juice	succo di pomodoro
salt and pepper	sale e pepe

10

a Due gelati, per favore.
Due birre, per favore.
Due bicchieri d'acqua minerale, per favore.

b Un tramezzino, per favore.
Una bibita fresca, per favore.
Un panino, per favore.
Un gelato, per favore.

11 A bordo

b È il comandante che parla.
È a un'altezza di 10.000 metri.
Ci sono le Alpi.
È a sud.

c ci sono
c'è
ci sono
c'è…c'è

12 L'Europa

l'Italia (9)	la Russia (20)
la Germania (6)	la Spagna (13)
il Belgio (2)	la Gran Bretagna (15)
la Francia (5)	la Svezia (14)
la Svizzera (17)	il Portogallo (12)
l'Austria (1)	l'Irlanda (8)
il Lussemburgo (10)	la Grecia (7)
l'Olanda (11)	l'Ungheria (19)

la Fin<u>la</u>ndia (4) la <u>Tur</u>chia (16)
la Dani<u>mar</u>ca (3) la Po<u>lo</u>nia (18)

13
a la Spagna
b Napoli

15
a zero, uno, due, tre, quattro,
   cinque, sei, sette, otto, nove, dieci

16
Cecilia Bartoli è italiana.
David Beckham è inglese.
Michael Schumacher è tedesco.
Antonio Banderas è spagnolo.

17 Incontro in aereo

b	Paolo	Lisa
Cognome	Cantoni	Ford
Nazionalità	italiano	inglese
Città di origine	Firenze	Bath
Destinazione	Venezia	Venezia
Per lavoro/in vacanza	per lavoro	in vacanza
Per quanti giorni	3 giorni	7 giorni

19
a russo, svizzero, spagnolo

   Sono scozzese, sono di Edimburgo.
   Sono svedese, sono di Stoccolma.
   Sono irlandese, sono di Dublino.
   Sono tedesco, sono di Bonn.
   Sono francese, sono di Boulogne.
   Sono austriaco, sono di Vienna.
   Sono cinese, sono di Hong Kong.

20
a Scusi, dove va lei?
   In Italia, a Roma
   In vacanza o per lavoro?
   Per lavoro.
   Io invece vado in vacanza.

b Scusi, lei è inglese?
   No, sono spagnolo.
   È di Madrid?
   No, sono di Siviglia. E lei di dov'è?
   Sono italiana, sono di Roma.

21
a Scusi, dove va lei?
   In Italia, a Cortina./In Italia, a
      Milano./In Svezia, a Stoccolma.
   In vacanza o per lavoro?
   In vacanza./In vacanza./Per lavoro.
   Lei è…?
   No, sono francese, di Parigi./No,
      sono svizzera, di Zurigo./No,
      sono inglese, di Manchester.

22

Nome	Carla	Tony	Giulia	Arturo
Nazionalità	italiana	inglese	italiana	italiano
Città di origine	Milano	Stratford	Venezia	Napoli
Destinazione	Cambridge	Genova	Firenze	Torino
Per lavoro/in vacanza	in vacanza	per lavoro	in vacanza	per lavoro
Per quanti giorni	una settimana	due giorni	due settimane	10 giorni

UNITÀ 2

Focus

Che lavoro fa?

Mariella Scotti: la dottoressa
Pietro Martelli: il parrucchiere
Armando Picasso: l'operaio
Lina Funale: l'impiegata
Anna Vinci: la segretaria
Giorgio Melli: il biologo
Mario Migucci: il vigile urbano
Alberto Moravia: lo scrittore

1

1	5
2	4
6	3

3

Falso, Falso, Falso, Vero, Falso

4

a Da quanto tempo?
  Da venti anni.

5

È un lavoro difficile: non mi piace.
È un lavoro facile: mi piace.
È un lavoro vario: mi piace.
È un lavoro monotono: non mi piace.
È un lavoro stimolante: mi piace.
È un lavoro faticoso: non mi piace.

6

Faccio il programmatore di computer,
  lavoro in un ufficio.
Faccio il papà, lavoro a casa.
Faccio il chimico, lavoro in un
  laboratorio.
Faccio il cameriere, lavoro in un
  ristorante.
Faccio il ricercatore, lavoro in un
  laboratorio.
Faccio il commesso, lavoro in un
  negozio.
Faccio il dottore, lavoro in un ospedale.
Faccio la mamma, lavoro a casa.
Faccio l'impiegato, lavoro in un ufficio.
Faccio il farmacista, lavoro in una
  farmacia.
Faccio il meccanico, lavoro in un
  garage.
Faccio l'insegnante, lavoro in una
  scuola.

7 Interviste sul lavoro

Nome	Lavoro	Da quanto tempo	Dove	☺ ☹
Angela	(commessa)	2 mesi	in un negozio	Mi piace
Liliana	insegnante	20 anni	(in una scuola)	Mi piace
Luciano	medico	18 anni	in ospedale	Mi piace
Franco	avvocato	30 anni	(in uno studio)	Mi piace
Bibi	mamma/moglie	20 anni	(in casa)	Mi piace

8
a A2 B1 C5 D3 E4

9
Il cameriere serve in un ristorante.
L'impiegato lavora in un ufficio.
Il dottore cura i pazienti.
Il fioraio vende i fiori.

10 La postina
a bicicletta *bicycle*
lettere *letters*
pacchi *parcels/packets*
è concentrato *is concentrated*
stipendio *salary*
postina *postwoman*
aspetto *aspect*
piacevole *pleasant*
possibilità *possibility*
stabilire *to establish*
contatti *contacts*
umani *human*

c Lavora a Novara.
Usa la bicicletta.

Ha due bambini.
Fa questo lavoro da sette anni.

d Come si chiama? Mi chiamo Sara
    De Gasperis.
Che lavoro fa? Faccio la postina.
Da quanto tempo? Da sette anni.
Dove lavora? Lavoro a Novara.
Le piace il suo lavoro? Sì, molto.

13
See recording script, page 42.

14 Le ore
Sono le undici e un quarto
Sono le nove e mezzo
Sono le quattro e tre quarti
Sono le sei e tre quarti
Sono le dodici e un quarto
Sono le due e mezzo

15
1B 2A 3E 4D 5C

17 A che ora?

	Valentina	Titta
Inizio lezioni	8,15	8,30
Intervallo	11,20 – 11,30	10,30 – 10,50
Fine lezioni	2,10	1,30

18

1A   Buonasera!
2D   Buongiorno!
3B   Buongiorno!
4C   Buonanotte!

19

a   Le banche aprono alle 8,30 e
     chiudono alle 16,30.
     Negozi: 9,00–13,00
                16,00–20,00
     Bar: 7,30–24,00

b   Pranzo: alle 11,00
     Libreria: giorni feriali alle 9,00
                  giorni festivi alle 10,00
     "La Dolce Vita": alle 16,00, alle
                  19,00, alle 22,45

21

a

	Si alza		Cena	Va a letto	
	d'estate	d'inverno		d'estate	d'inverno
Natalia	10,00	8,00	21,00 – 21,30	22,30	
Fiora	6,00	6,00	19,30	22,30	
Camilla	9,00	7,00	20,00	21,00	22,00
M. Chiara	9,00 – 9,30	7,30	20,30	23,00	22,00

b   Fiora, Fiora, Natalia, Fiora,
     Camilla, Fiora, Fiora
c   A che ora ti alzi/ceni/vai a letto?

22 La giornata di Franco

b 1   7,30   Mi sveglio e mi alzo.
   2   7,40   Prendo un caffè.

3 7,45   Mi lavo e mi vesto.
4 8,30   Esco e vado al lavoro.
5 9,15   Arrivo in studio.
6 13,30   Prendo un panino al bar.
7 14,30   Ricevo clienti.
8 19,00   Finisco e torno a casa.
9 20,00   Mi faccio la doccia.
10 20,30   Ceno.
11 22,00   Guardo la tv.
12 24,00   Vado a dormire.

24 Giorni e date

Se sei un biologo: martedì
Se ti interessa l'arte moderna:
    domenica
Se sei un industriale: giovedì
Se adori lo sport: lunedì
Se vuoi cambiare lavoro: venerdì
Se vuoi vedere un buon film: sabato
Se ti interessano i problemi sociali e
    politici: mercoledì

25

GENNAIO 31, FEBBRAIO 28,
MARZO 31, APRILE 30,
MAGGIO 31, GIUGNO 30,
LUGLIO 31, AGOSTO 31,
SETTEMBRE 30, OTTOBRE 31,
NOVEMBRE 30, DICEMBRE 31

26

A d'estate   **C** d'inverno
B in autunno   **D** in primavera

27

Carolina: 9 anni
Camilla: 6 anni
Aurora: 5 anni
Maria Chiara: 10 anni

UNITÀ 3

Focus

1 il marito, 2 la figlia, 3 il figlio,
4 la moglie, 5 il marito, 6 la sorella,
7 il cugino

2

a *See recording script, page 44.*

b

```
                              Irene = Eugenio
                                         |
Roberto  Mariella  Enrico = Teresa
                 Gianni  Piero  Carla  Silvia
```

c Gianni è il fratello di Piero.
   Silvia è la sorella di Gianni, Piero
     e Carla.
   Enrico è il padre di Piero, Gianni,
     Silvia e Carla.
   Teresa è la madre di Piero, Gianni,
     Silvia e Carla.
   Enrico è il marito di Teresa.
   Teresa è la moglie di Enrico.

d Quanti fratelli ha Silvia?
   Due.
   Chi è Eugenio?
   Il marito di Irene/Il padre di
     Teresa/Il nonno di Piero.
   Quante sorelle ha Enrico?
   Una.
   Come si chiama la nonna di Carla?
   Irene.

3

Maria Chiara ha una sorella più grande.

Camilla è figlia unica.

Annetta ha un fratello più grande.

Aurora ha una sorellina più piccola.

Il signor Meli ha due fratelli e due sorelle

4 Una famiglia sportiva

Questa è una foto insolita. La ragazza è americana ma di origine italiana, si chiama Jennifer Capriati ed è una famosa tennista. Jennifer **ha** 24 anni e ha già vinto una medaglia d'oro. Il suo allenatore è suo padre, Stefano Capriati, che le **ha** insegnato a giocare a tennis da bambina. Ma l'uomo nella foto non è il padre di Jennifer. È suo fratello Steven. Steven **ha** solo venti anni, ma è un tennista molto bravo. Jennifer e Steven **hanno** giocato insieme in un doppio a Wimbledon nel 2001 ma questa volta non **hanno** vinto!

5 La famiglia di Luisella

a

nome	legame familiare	età	lavoro	stato civile	figli
Elisa	madre	82			3
Giuseppe	fratello	50	notaio	sposato	2
Luciana	sorella	45	insegnante	sposata	2

b Ci sono quattro persone nella famiglia.

Il fratello fa il notaio.

La sorella fa l'insegnante.

6 Il corpo

1 la mano
2 il braccio
3 i capelli
4 la testa
5 le orecchie
6 le spalle
7 la vita
8 il piede
9 la gamba
10 la pelle
11 il collo
12 la bocca
13 il naso
14 gli occhi

7

la testa piccola
le gambe lunghe
le vita snella
le mani piccole
il naso diritto
le spalle larghe
i capelli folti
la bocca grande
i denti bianchi

8

See recording script, page 45.

9 Contrari

alto/a	basso/a
magro/a	grasso/a
riccio/a	liscio/a
lungo/a	corto/a
biondo/a	bruno/a

11 Com'è? Che tipo è?

a Cati

Fisicamente	Come carattere
alta	molto aperta
magra	simpatica
le gambe lunghe	spiritosa
i capelli biondi	un po' ironica
gli occhi celesti	un po' timida
	non molto sicura di sé

b Francesca

Fisicamente	Come carattere
bella	abbastanza aperta
non molto alta	molto impulsiva
magra	
i capelli lunghi, castani	
gli occhi verdi	
la pelle abbastanza scura	
le mani molto piccole	

12

Tommaso Carpi è in fondo.

13 Animali domestici

	Animali	Quanti
Lorenza	–	–
Serena	gatti	2
	tartarughine	3
Marco	cani	5
Valentina	cane	1
Renata	gattino	1
Elena	cane	1
	canarini	8
	pesci	

14
A7 B2 C6 D3 E5 F1 G4

16
a   B è Marta Bonelli.

UNITÀ 4

Focus
A casa
Mauro: in un appartamento
La nonna di Renata: in una casa
   di campagna
Vanna: in un appartamento
Armando: in una villetta a schiera
Franco: in una palazzina a sei piani
Il fratello di Franco e sua moglie: in
   un palazzo moderno

1
L'ufficio della RAI: 1° piano
La ditta Musetti: 3° piano
Lo Studio Medico Franchi: 4° piano
L'avvocato Meliadò: 5° piano

3
un soggiorno grande, una cucina,
uno studio, due camere da letto,
due bagni

4

b

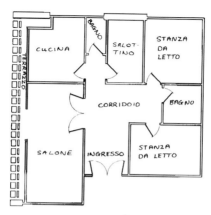

5

c

C'è	Ci sono
un corridoio/	due bagni
un ingresso	due stanze da
un salone	letto
la cucina	
un salottino	
un terrazzo	

6

a No, No, No, Sì, Sì, No

b Nel salone guarda la televisione,
lavora a maglia, gioca a carte.
Sul balcone coltiva i fiori.
In cucina cucina.
In camera da letto dorme.
Nel bagno si lava, si pettina.
Nello studio legge.
Nella stanza da pranzo mangia.

8

a L'appartamento a Riccione.
L'appartamento a Salerno.
20.000 euro.
Gli appartamenti a Salerno, a
Tonezza, a Riccione.
Tre: gli appartamenti in Liguria, a
Sanremo, a Riccione.
Negli appartamenti a Salerno, a
Tonezza, a Recanati.
La casa a Tonezza.

10 La mia stanza

a
finestra (*window*)	lume (*lamp*)
porta (*door*)	specchio (*mirror*)
caminetto (*fireplace*)	scaffale (*bookshelf*)
quadro (*picture*)	poltrona (*armchair*)
divano-letto (*sofa bed*)	tavolo (*table*)
cuscini (*cushions*)	sedia (*chair*)
tappeto (*carpet*)	armadio (*wardrobe*)

b finestra, caminetto, specchio, televisione/tv, scaffali, quadri, cuscini, poltrona, tavolo, sedie, armadio

11

A Stefano piace la chitarra, la tv, il calcio, la Coca-cola, lo sci, il blu, la musica.

A Stefano piacciono i CD, i libri gialli, i cioccolatini.

A Susanna piace il tennis, il sassofono, la radio, la musica, il caffè, il verde.

A Susanna piacciono le riviste, le patatine, i poster.

15 Elettrodomestici

a 1 la lavastoviglie
   2 l'aspirapolvere
   3 la TV con il telecomando
   4 la lavatrice
   5 il ferro (da stiro)
   6 il surgelatore con frigorifero
   7 il fon
   8 la cucina
   9 il computer
   10 il videoregistratore

c 1 €446 2 €248 3 €321 4 €376
   5 €14,98 6 €361 7 €16,80 8 €415
   9 €1.867 10 €299

17 In albergo

See recording script, page 47.

18

Sì, ce n'è una in ogni camera.

Sì, ce ne sono al primo piano/al terzo piano.

Sì, ce n'è uno al secondo piano.

Ce ne sono quattro al terzo piano.

Ce n'è uno davanti all'albergo.

Ce ne sono su ogni piano.

19

Sì, certo, sulla terrazza.

È al sesto piano.

Al secondo piano.

C'è una piscina?

Sì, c'è ogni sera, al piano bar al primo piano.

E dove si può guardare la tv?

21

c Il suo nome per favore? E il cognome? Come si scrive?

Dove è nato/a?

(Qual è) la sua data di nascita?

Dove / in che città /abita?

Che lavoro fa?

Ha un documento?

Per quanto tempo si ferma? / le date del suo soggiorno?

22

b €33,56 per persona. Il signor Warren, sua moglie e il bambino di 8 anni: €100,68; il bambino di 4 anni metà prezzo: €16,78. Totale al giorno: €117,46.

c   Perugia, 17 maggio

Gentile Signor Warren,

Siamo lieti di confermare la prenotazione di una camera doppia matrimoniale, con doccia, e una camera doppia a due letti, con doccia, per il periodo dal 25 al 31 luglio. Il prezzo è di €33,56 al giorno per persona. La prima colazione è compresa.

Distinti saluti.

La Direzione

UNITÀ 5

1

Via Frattina 39
Viale Parioli 126
Piazza Risorgimento 11
Corso Vittorio 223

2

a *See recording script, page 49.*

b vicino alla stazione
di fronte alla chiesa
vicino alla fontana
davanti allo zoo
vicino al parcheggio
vicino al semaforo
davanti all'edicola

3

Pina: vicino al semaforo
Aurora e Alessio: vicino alla stazione
Manuela e Carla: davanti alla chiesa
Angela: vicino alla fontana
Patrizia: davanti allo zoo

4

Piazza Colonna, per favore? Sempre dritto.
Piazza di Spagna, per favore? Sempre dritto.
La Fontana di Trevi, per favore? Sempre dritto.
San Pietro, per favore? A sinistra.
La stazione Termini, per favore? A destra.

5 Dove la manda il vigile?

La fontana di Trevi
Il Pantheon
Il Colosseo
Trinità dei Monti/Piazza di Spagna

6

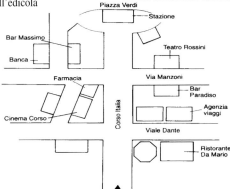

8

Bianca telefona a Peter, perché vuole un consiglio.

Bianca non può vedere tutto, perché rimane due giorni.

Bianca può andare a piedi, perché le fontane sono vicine.

9

La Fontana delle Tartarughe è a Piazza Mattei.

La Fontana delle Tartarughe è la più vicina.

Il Mascherone è in Via Giulia.

La fontana di Piazza Navona si chiama la Fontana dei Fiumi.

10

a In fondo a Via dei Barbieri giri a destra per Via Monte della Farina. Vada dritto e attraversi Corso Vittorio Emanuele. Prenda Corso Rinascimento, poi la seconda a sinistra e la Fontana dei Fiumi è lì, a Piazza Navona.

b 1 In fondo a Via dei Barbieri giri a sinistra per Via Monte della Farina. Continui fino a Piazza Cairoli, poi giri a destra e prenda Via dei Giubbonari. Continui sempre dritto per cinque minuti e Piazza Campo dei Fiori e lì in fondo.

2 Da Via dei Barbieri vada a Largo Arenula, giri a destra e vada sempre dritto per Via Arenula fino al fiume. Qui giri a destra e continui sempre dritto. Ponte Sisto è lì a sinistra.

11

Che bello sport!	Che belle scarpe!
Che bel bambino!	Che bell' albero!
Che bella frutta!	Che bel paesaggio!
Che bella chiesa!	Che bella piazza!
Che bei fiori!	Che begli occhi!

12

Mi può dire dov'è la banca?

Mi può dire a che ora parte il treno?

Mi può dare un giornale inglese?

Mi può dire quanto costa questo ombrello?

Mi può dare un bicchiere d'acqua?

Mi può dare un'informazione?

Mi può dire se c'è una farmacia?

14

a *See recording script, page 50.*

b 1F 2F 3V 4F 5F 6V 7F

15

a
45 minuti	un'ora
un quarto d'ora	30 minuti
mezz'ora	tre quarti d'ora
20 minuti	10 minuti

b Ci vogliono 15 minuti./Ci vuole un quarto d'ora.

Ci vogliono 50 minuti./Ci vuole circa un'ora.

Ci vogliono 60 minuti./Ci vuole un'ora.

Ci vogliono 20 minuti.

b   Perché è molto veloce.
Perché sono molto frequenti.
Va in autobus se piove.

Perché l'ufficio è lontano.
Perché è vicinissimo.

16   a

Nome	Mezzo di trasporto	Sempre/Di solito/ Qualche volta	Tempo che ci vuole
Roberta	in macchina	di solito	circa 45 minuti
Bianca	in metropolitana	sempre	20 minuti
Carlo	a piedi in autobus	qualche volta qualche volta	30 minuti 10 minuti
Diana	a piedi	sempre	un quarto d'ora
Massimo	in tram	generalmente	più o meno mezz'ora
Federico	l'autobus il treno	prima poi	circa un'ora
Giulia	in bicicletta in autobus	se c'è il sole se piove	mezz'ora tre quarti d'ora

17

A: Scusi, c'è un autobus per il
Pantheon?
B: Sì, c'è l' 81.
A: Dov'è la fermata?
B: Di fronte al cinema, a 200 metri.

A: Scusi, c'è un autobus per la
fontana di Trevi?
B: Sì, c'è il 36.
A: Dov'è la fermata?
B: Davanti alla chiesa, a due passi.

B: Scusi, c'è un autobus per Piazza
Navona?
A: Sì c'è il 62.
B: Dov'è la fermata?
A: Vicino all'edicola, a 50 metri

B: Scusi, c'è un autobus per la
stazione Termini?
A: Sì, c'è il 60.
B: Dov'è la fermata?
A: Davanti alla Standa, a 100 metri.

18   La metropolitana di Roma

a   Falso. (Ci sono tre fermate)
Falso. (Linea A)
Vero.
Falso. (Bisogna cambiare una volta)

b   1   *Mi trovo al Nuovo Salario.*
Prenda la FM1, cambi a Ostiense,
prenda la linea B e scenda
all'EUR Marconi.
    2   *Sono alla Stazione Tiburtina.*
Facile. Prenda la linea B e scenda

direttamente all'EUR Fermi, dopo la Basilica di San Paolo.

3 *Io sono all'aeroporto di Ciampino.*

Prenda la linea A, cambi a Termini, prenda la B verso sud e scenda all'EUR Marconi.

4 *Io sono alla Basilica di San Paolo.*

Facilissimo. Prenda la B e scenda alla prossima fermata.

5 *Sono appena arrivato a Fiumicino.*

Prenda la FM1, scenda a Ostiense, prenda la B verso sud e scenda dopo tre fermate.

6 *Sono a San Pietro.*

Benissimo. Prenda la FM3, cambi a Ostiense, prenda la linea B e scenda all'EUR Marconi.

19

Vorrei due biglietti validi dalle 5,00 alle 14,00.
Vorrei quattro biglietti da 45 centesimi.
Vorrei un blocchetto di 10 biglietti.
Un biglietto valido dalle 14,00 alle 24,00 per favore.
Vorrei una tessera per un mese.
Vorrei due tessere per una settimana.

20

1C 2B 3A

UNITÀ 6

Focus

Banane	€1,55
Patate	0,77
Pesche bianche	1,81
Uva nera	1,55
Lattuga	1,29
Pomodori rossi	1,05
Pomodori verdi	1,55
Peperoni	1,29
Meloni	0,77
Zucchine	1,29
Finocchi	1,81

L'uva costa €1,55 al chilo.
Le pesche costano €1,81 al chilo.
La frutta meno cara oggi sono le banane.

1 I cambi oggi

Dollaro canadese	€0,716
Franco svizzero	0,675
Sterlina	1,613
Corona danese	1,343
Corona svedese	1,070
Corona norvegese	1,252
Yen giapponese	0,009
Dollaro Stati Uniti	1,130

2

See recording script, page 51.

4 Mercato o supermercato?

a *See recording script, page 51.*

b

	Negozi	Mercato	Supermercato
Renata	tutti i giorni		ogni 15/20 giorni
Ombretta	ogni giorno	ogni giorno	una volta la settimana

- Ogni 15/20 giorni.
- Ogni giorno, se può.
- Al supermercato.
- Il latte, il pane, la frutta e la verdura.

5

vini: Chianti
uova
frutta/verdura: uva, mele, pomodori,
    lattuga, carote
carne/pesce: carne, pollo, trota
surgelati: piselli surgelati
pasta/pane/riso: spaghetti, pane, riso
per la casa: saponette, carta igienica,
    detersivo, dentifricio
latte/formaggi: latte, parmigiano,
    mozzarella
salumeria: prosciutto

7

b una bottiglia di olio
    una vasetto di marmellata
    una scatola di tonno
    una lattina di Coca-Cola
    un pacco di pasta
    un pacchetto di patatine
    un cartone di succo di frutta
        di latte

8

a un melone, una lattuga,
    una bottiglia di vino

b *prosciutto*, 1 etto a persona (300 gr)
    formaggio, 2 etti di gorgonzola
        (200 gr), una mozzarella
    pane, degli sfilatini
      $1/2$ kg di pane integrale
    pomodori, basilico, acqua minerale,
    un gelato

9

See recording script, page 52.

11 I negozi

a

GELATERIA	ALIMENTARI	FRUTTIVENDOLO	ALIMENTARI
		MACELLAIO	

b 1 no, 2 no, 3 sì, 4 sì, 5 no, 6 no

c fruttivendolo: frutta, verdura, acqua
    minerale

negozio di alimentari: pane, pasta,
    pizza, formaggi, salame, prosciutto
gelateria: gelato   macelleria: carne

12

1 dal fornaio
2 in farmacia
3 dal macellaio
4 al negozio di alimentari/in salumeria
5 dal fioraio

14

a *See recording script, page 53.*
b *Ombretta's recipe is on the right.*

15 Pasta al dente

si mette, si aggiunge, si fa bollire, si buttano, si mescola, si fanno bollire, si scola, si aggiunge

16

spaghetti al pomodoro
risotto ai gamberi
pasta al tonno
tagliatelle al sugo
scaloppine al marsala
pizza ai funghi

17

1 8/10 minuti
2 20/22 minuti
3 10/12 minuti
4 21/33 minuti
5 20/22 minuti
6 12 minuti
7 15/17 minuti

18 A tavola

a B, C, D, A

b 1 Simona ama stare in cucina. È un piacere per lei.
2 Preferisce fare la spesa al mercato.
3 Prepara la tavola anche se è sola.
4 È molto importante presentare una tavola ben apparecchiata.
5 Mangia anche se è sola.
6 Quando è nervosa mangia pane.
7 Le piace molto il pane.

c È un piacere grande.
Mi dà tanta gioia.
È un momento di allegria.
Mi piace molto.

d Le piace stare in cucina?
Dove preferisce fare la spesa?
Prepara sempre la tavola?
È importante il colore dei fiori?
Mangia quando è sola?
Cosa fa quando è nervosa?
Le piace il vino?

19

2 la forchetta	6 i fiori
3 il coltello	7 la candela
5 la tovaglia	8 il bicchiere
	9 il piatto

20

Pasti	In Italia: ore dei pasti
colazione	7,30
pranzo	13,30
cena	8,00/8,30 (20,00/20,30)

UNITÀ 7

Focus

A9   B5   C6   D13   E12   F4   G14
H15   I10   J2   K16   L7   M17   N8
O3   P19   Q11   R1   S18

1

1 Buongiorno	4 Piacere!
2 Ciao	5 Buonanotte
3 Buonasera	6 Arrivederci

2

a **tu** (all'amica): Sono Gianna/come va?/stai/tuo/ciao

   lei (al direttore): Sono Gianna Rondelli/sta/sua/la vedo/arrivederla

3

tu

Come ti chiami?
Tu che cosa prendi?
Ti dispiace se fumo?
Mi dai il libro?
Sai l'ora?
Ciao, come stai?
Dove vai?
Ti telefono stasera.
Sei molto gentile.
Parli tedesco?
Che lavoro fai?

lei

Mi dica come si chiama.
lei che cosa prende?
Le dispiace se fumo?
Desidera?
Sa l'ora?
Le piace il jazz?
Buongiorno, come sta?
Va a Milano?
Le telefono stasera.
Le presento mio figlio.
Parla francese?
Che lavoro fa?
Di dov'è lei?

4

Suggestion:

Lui: Faccio il terzo anno. Ti piace questa musica?

Lei: Sì, mi piace moltissimo.

Lui: Tu cosa prendi?

Lei: Una birra, grazie.

Lui: Mi dai il tuo numero di telefono?

Lei: Sì. Mi dai il tuo?

5

Formale:

Gentile Direttore
le scrivo
Mi sa dire
la ringrazio
le telefono
Cordiali saluti

Familiare:

Cara Nikki
la tua lettera
ti scrivo
per darti
Tu ci sei?
E tua sorella?
rivederti
Ti telefono
Allora a presto
Un abbraccio

6 Piacere

(Non) mi piace l'opera, ballare, viaggiare in aereo, Mozart, leggere, sciare, il dialetto veneziano, il jazz, la chitarra elettrica, il traffico

(Non) mi piacciono i bambini, i libri gialli, le canzoni napoletane, le spiagge deserte

7 I ragazzi di Modena

See tapescript, page 54.

Max: Formigine
Lorenza: Modena
Elena: Modena (Sacca)
Daniela: San Vito
Filippo: a 3 km dalla scuola

8

NOME Lorenza
ETÀ 17 anni
RESIDENZA Modena

DISTANZA DALLA SCUOLA vicino
    (10 minuti)
MEZZI DI TRASPORTO autobus
TIPO DI ABITAZIONE
    appartamento
FAMIGLIA 3 persone
ANIMALI DOMESTICI nessuno
SPORT PRATICATI nessuno
INTERESSI musica (Sting), leggere
PASSATEMPI andare al cinema,
    stare con amici, viaggiare (Londra)

9

Elena

10

Nome	Casa	Zona	Famiglia	Animali	Passatempi e sport
Elena		Sacca, Modena	sorella, padre zia	cane 8 canarini pesci	sport, nuoto, musica, francobolli, monete
Max		Formigine			musica, chitarra, leggere, corsa/footing, nuoto, tennis, calcio
Lorenza	appartamento	Modena	figlia unica		musica (Sting), cinema, leggere, gli amici
Filippo		a 3 km dalla scuola	mamma		tennis, nuoto, sci, pallavolo, musica, biliardo, le belle ragazze
Daniela	casa	San Vito	madre, padre fratello nonno		musica (il sax), astrologia, pattinaggio, nuoto, palestra

11

1 Che
2 Chi
3 Che
4 Che (cosa)
5 Quanti
6 Dove
7 Come
8 Quanto tempo
9 Dove

12

[Dario Fo] è il mio attore preferito.
[Franca Rame] è la mia attrice
    preferita.
[Laura Pausini] è la mia cantante preferita.
[Del Piero] è il mio sportivo preferito.

[Pirandello] è il mio scrittore
    preferito.
[Natalia Ginzburg] è la mia scrittrice
    preferita.
[Botticelli] è il mio artista preferito.

14
Michele: Esci da casa tua e giri a
    sinistra, poi attraversi Piazza dei
    Servi, vai fino in fondo a Via Forni
    e giri a sinistra. Continui sempre
    dritto, prendi la seconda a destra e
    poi la prima a sinistra. La mia casa è
    a 100 metri sulla destra.

17 Enrico Monti
a 1 Dal 1996.   2 Dal 1982.
   3 Dal 1992.   4 Dal 1998.
   5 Dal 1998.   6 Dal 1998.
   7 Dal 1998.   8 Dal 1990.

18 La mia routine
See recording script, page 54.

19 La seconda volta
a Laura e Luigi sono marito e moglie.
   Si sono sposati nel 1972.
   Il loro primo matrimonio è durato
       dodici anni.
   Hanno avuto due figli.
   Nel 1984 hanno divorziato.
   Nel 1992 si sono sposati di nuovo.
   I testimoni erano i figli.
   Massimo ha 26 anni e Stefania 23.
   Ora vivono insieme con
       entusiasmo.

b I protagonisti
   studentessa
   qualche giorno fa
   diciottenne
   sposati
   maggiore
   nuovamente

20
Nino = Rosanna
Giacomo = Ida
Roberto = Maria

22
b 1C   2A   3B   4C

23

	la casa svedese	la casa italiana
tipo di casa	uno chalet	un casale
posizione	a 15 km da Stoccolma	vicino Roma
stanze	studio, camera, cucina…	bagno, cucina, due grandi stanze
colori	tenui (azzurro, pallido, giallo pallido)	forti/decisi (verde, giallo, bordeaux)
cucina	piccola	piccola
piscina	sì	sì

UNITÀ 8

2 Regali
See recording script, page 55.

4 Le spese
a 1D 2H 3B 4G 5E 6A

b

profumeria	un profumo
libreria	un libro
pasticceria	una torta
pelletteria	una borsa
abbigliamento	un golfino
calzature	un paio di scarpe
orologeria/ gioielleria	un orologio
dischi e radio	un registratore

6

	1	2	3
l'oggetto	borsa	golfino	scarpe/ scarpe sportive/ sandali
il negozio	pelletteria	abbigliamento	farmacia
la taglia/il numero		42	43
il materiale	pelle	lana	pelle/tela
il colore	marrone	rosa	nere/marrone/ bianche
il prezzo	22 euro	62 euro	
lo compra/non lo compra	sì	no	no

7

See recording script 6, page 56.

8

See recording script 6, page 56.

9

Mi piace quell'ombrello di seta. Lo
   prendo.
Mi piace quella poltrona di perspex.
   La prendo.
Mi piacciono quelle scarpe di tela.
   Le prendo.
Mi piace quel portafoglio di cuoio.
   Lo prendo.
Mi piace quella borsa di pelle.
   La prendo.
Mi piacciono quei guanti di lana.
   Li prendo.

11 La moda

1 vestito
2 camicetta
3 gilé
4 cappotto
5 pantaloni
6 maglietta
7 gonna
8 giacca da uomo
9 cintura
10 scarpe
11 maglietta
12 camicia
13 jeans

12

a *Armando's list is on the right.*

b
magliette	6
pantaloni	3
camicie	3 o 4
biancheria	—
scarpe	4 o 5 paia
gonne	3
maglioni	2
giacca	1
calze	5

14 Gli amici di Caterina

1	Francesca	5	Barbara
2	Antonia	6	Filippo
3	Enrico	7	Caterina
4	Nicoletta		

17 Alla Rinascente

Francesca	Borse
Antonio	Donna Classica
Marisa e Stefano	Bambino
Signora Mileto	Donna Classica
Carlo	Uomo Giovane
Sandro	Uomo Giovane
Titta	Bambino

18 Saldi

a

Oggetto	Marca	Prezzo originale	Prezzo ridotto	Compratore
orologio	Rolex	£2900	£1400	Louis Farah
televisore	Sony	£600	£25	Peter Win

19 Buon…

a　i vicini di casa: Buon Natale e
　　Buon Anno
　　il tuo professore: Con i migliori
　　auguri…
　　tua sorella e la sua famiglia: Buone
　　Feste a tutti
　　il compleanno di un amico: Tanti
　　cari auguri per…

c　Lia: Buon viaggio
　　Carlo: Buon appetito
　　collega: Buon pranzo

Teresa: Buon lavoro
madre: Buone vacanze
Tonino e Sandra: Buon
　divertimento
Gianni: Buono studio
Rita: Buona ginnastica
Giorgio: Buonanotte/Buon riposo

21 Che sta facendo?

1	sta visitando	4	sta pranzando
2	sta parlando	5	sta scrivendo
3	sta andando	6	sta uscendo

22 Tuffo di Capodanno

Gara	Data	Località
Tuffo di Capodanno	1 gennaio	Ponte Cavour, Roma
Nome	**Età**	**Ora del tuffo**
1 Ahmed Bisciara	40	11,59
2 Giuseppe Palmulli	35	12,01
3 Aldo Corrieri	35	12,16
4 Spartaco Bandini	76	12,20

UNITÀ 9

Focus

Gianfranco ha ballato molto.
Serena ha fatto una vacanza sportiva.
Francesca è andata in Francia.
Antonio è stato con sua madre e
   suo padre.
Carlo ha fatto troppo, ma si è
   divertito un sacco.

2

a, b *See recording script, page 58.*

3 Franco e Bibi a Londra

Sabato: B, C, A, D
Domenica: A, C, B, D
Lunedì: D, A, C, B

4

Londra
4 giorni
Il Salone della Nautica
Harrods
Portobello Road

5

Abbiamo preso la metropolitana.
Siamo andati in un ristorante italiano.
Ci siamo alzati abbastanza presto.
Abbiamo mangiato a casa.
Siamo andati a Piccadilly Circus.
Abbiamo cenato a casa.

6

See recording script, page 58.

7

See recording script, page 58.

9

a Prima sono andati al Salone della
     Nautica, poi sono andati a casa.
     Prima sono andati a Piccadilly
     Circus, poi sono andati a
     Wimbledon.
     Prima sono andati da Harrods, poi
     sono andati a Portobello.
     Prima hanno chiacchierato, poi
     sono andati a letto.

b Prima di andare a letto hanno
     chiacchierato.

Prima di andare a Portobello sono andati da Harrods.

Prima di andare a Heathrow hanno pranzato.

11 La settimana bianca

a *See recording script, page 58.*

b impianti di risalita 4, 8
piste da sci 5
piste da fondo 6
pattinaggio 7
noleggio sci 3

piscine 1
discoteche 2

13 Non so...

1 pattinare
2 guidare
3 suonare il piano
4 nuotare
5 giocare a carte
6 parlare tedesco
7 cucinare
8 usare il computer

14 All'Agenzia

	Sandra/Luigi	Piera	Giacomo
Numero di persone	4	3	2
Adulti/Bambini	2/2	adulti	adulti
Pensione completa/ Mezza pensione	completa		
Principiante/medio/esperto	principianti	medio	esperto
Lezioni/Guida		lezioni	guida
Attività preferite del doposci	nuotare, pattinare, tennis	molte attività, idromassaggi, sauna	
Località	Madonna di Campiglio	Hotel Tremoggia	Albergo del Touring

17

b conosci ... conosciuto ... so ... Sai ... conosci ... so

19 Personaggi

Nome e cognome: Enzo Ferrari
Data e luogo di nascita: 1898 a Modena
Morto nel 1988

Carriera all'Alfa Romeo: dal 1928 al 1939
Prima gara della Ferrari: nel 1940
Fabbrica di Maranello: aperta nel 1946
Altre attività: scrittore
Personalità: appassionato, deciso

21

1E 2F 3C 4H 5B 6D 7G 8A

22

a   1   cinque secoli fa
2   Fellini … circa trent'anni fa
3   Michelangelo…quasi cinque secoli fa
4   circa duecento anni fa
5   più di un secolo fa
6   quasi cinquant'anni fa
7   più di trent'anni fa
8   pochi anni fa

UNITÀ 10

Focus

16,45 Marnie
18,45 Santa Barbara
19,50 Che tempo fa?
20,00 Telegiornale
21,20 Il signore degli Anelli
22,40 Canzoni Canzoni
23,30 Droga: Che fare?
24,00 Telegiornale notte
24,10 Il tempo domani

1

1C   2E   3A   4D   5F   6B

2 Un sondaggio

a   *See recording script, page 60.*

c   • Luciano guarda sempre il telegiornale, le previsioni del tempo e un film, se c'è.
• Solo Luciano guarda le previsioni del tempo.
• Marisa guarda commedie e telefilm.
• Giuseppe ha visto il telegiornale, un documentario e la partita.
• Barbara ha visto i cartoni animati e un film di cowboy.

5 Il mio film preferito

b   • Qual è il titolo?
• Chi è il regista?
• Chi è l'attore principale?
• Chi è l'attrice principale?
• Dove è ambientato?
• Che genere di film è?
• È in bianco e nero o a colori?

5/6

Titolo:	Il terzo uomo	Camera con vista	Cinema Paradiso
Regista:	Carol Reed	James Ivory	Giuseppe Tornatore
Attore:	Orson Welles	Julian Sands	Salvatore Casio
Attrice:	Alida Valli	Helena Bonham-Carter	
Ambientato:	a Vienna	a Firenze/in Inghilterra	in Sicilia
Genere:	poliziesco/giallo	romantico	romantico
Colore:	bianco e nero	a colori	a colori

7 Che fai stasera?

b Mi dispiace, non posso perché…
devo studiare.
devo incontrare un'amica.
devo vedere la partita in tv.
devo andare alla lezione d'italiano.
devo cucinare per i miei amici.

9

1F 2E 3D 4B 5C 6G 7A

10 Al ristorante

Antipasti: antipasto misto,
prosciutto
Primi: lasagne, tortellini, ravioli,
spaghetti alla bolognese, fettuccine
al ragù, risotto ai funghi,
minestrone
Secondi: bistecca alla griglia, pollo al
pomodoro, fegato alla veneziana,
agnello arrosto, trota al forno
Contorni: patate fritte, spinaci al
limone, insalata di pomodori,
zucchine, fagiolini
Dolci: tiramisù, zabaglione, gelato
Da bere: vino, birra, acqua minerale

12

See recording script, page 62.

13

F, F, V, F, F, V, F, V, F

15

la lasagna: gliela
la bistecca: gliela
gli spinaci: glieli
i ravioli: glieli
due caffè: glieli

le fettuccine: gliele
il pollo: glielo
gli spaghetti: glieli
il conto: glielo
le fragole: gliele

16 La radio

solo, finire, raffreddore, facile,
posso, accendere, ascoltare, radio,
arriva, nelle, radio, veramente, piace,
perché, mente

b

per strada	in casa
cominciare	finire
difficile	facile
spegnere	accendere
(io) detesto	amo
parte	arriva
esce	entra

17

a/b veramente, solamente,
magnificamente/splendidamente,
certamente, freddamente,
raramente, cortesemente

18

Ascolta spesso la radio?
Che programma ha ascoltato ieri sera?
Che programmi preferisce lei?
Quante ore al giorno ascolta la radio?

UNITÀ 11

Focus

dimagrire	61
l'alcolismo	55
l'uomo e l'ambiente	4
lo sport	38

la medicina tradizionale   18
smettere di fumare   25
la medicina alternativa   29
i rischi dell'attività fisica   33

1 La ginnastica
1E   2C   3A   4D   5B

2
1 Salta a corda per tre minuti. Riposa per un minuto. Ripeti.
2 In piedi, prendi il piede e spingi indietro.
3 Ruota le braccia avanti e indietro, piegando leggermente le gambe.
4 In piedi, gambe divaricate, braccia sopra la testa, stringi i gomiti.

3 Aviso ai passeggeri
1 Bevete acqua frequentemente durante il volo.
2 Limitate gli alcolici durante e prima del volo.
3 Indossate scarpe comode.
4 Evitate il più possibile di accavallare le gambe mentre state seduti a bordo.
5 Fate il più spesso possibile gli esercizi consigliati.

4 Esercizi in volo
b Fai qualcosa; alza e ruota i piedi; alza prima un ginocchio, poi l'altro; alza le gambe; abbassale; unisci i piedi; tira in dentro la pancia; abbraccia le ginocchia; cerca di toccarle; ignora gli sguardi.

5 Lei fa sport?
a 1 il tennis 2 il nuoto 3 lo sci 4 la pallavolo 5 la corsa/il footing 6 il calcio 7 il pattinaggio 8 la palestra/la ginnastica 9 la pallacanestro 10 lo squash

b Elena: il nuoto. Ilaria: lo sci, il nuoto, la pallavolo. Filippo: il tennis, lo sci, il nuoto, la pallavolo. Sara: non le piace lo sport. Riccardo: il nuoto, il calcio, la pallavolo, il tennis, lo sci. Barbara: la pallacanestro. Elisa: lo sci, il nuoto, la pallavolo, il tennis, lo squash. Max: la corsa a piedi, il nuoto, il tennis, il calcio. Daniela: il pattinaggio, la palestra.

c 1 lo sci, il nuoto, la pallavolo, il tennis.
   2 No, non è molto popolare.
   3 Una persona fa palestra.
   4 Quattro persone giocano a pallavolo.
   5 Non ci sono molte differenze.
   6 Sara non ama lo sport.

7
a complicato – facile; divertente – noioso; sicuro – pericoloso; agonistico – non competitivo; rilassante – impegnativo; faticoso – leggero; violento – tranquillo.
Altri aggettivi: aggressivo, competitivo, solitario, sano, crudele

9
1D   2FE   3B   4CG

10 Consigli

... perché non vai in bicicletta?
... perché non fai le scale?

... perché non corri?
... perché non vai in piscina?

11 Un salto nel buio

b 1 Sí. 2 Sí. 3 No. 4 Sí.
5 No. 6 Sí. 7 No. 8 Sí.

c Altre informazioni:
È un tenore; è cieco; gli piacciono le sfide; gli piace volare; è sposato; pensa che tutti devono superare ostacoli nella vita.

d La storia al femminile:
la cantante cieca/lanciata/me stessa/dopo essere andata/lanciata/la cantante/è socia/si è lanciata/suo marito/arrabbiato/cieca.

13 In farmacia

	Uomo/donna/ bambino	Disturbo	Rimedio	Quante volte	Quando
1	donna	mal di gola	pastiglie (B)	una ogni 3 ore	
2	donna	raffreddore mal di testa tosse	compresse (E) sciroppo	(2) 2 volte al giorno	dopo mangiato la sera
3	bambino	occhi arrossati	gocce (C)	1 goccia, 3 volte al giorno	
4	bambina	bruciature	pomata (D)	2 volte al giorno	per due giorni

14 Pronto soccorso

1D 2A 3E 4C 5G 6B 7F

15 Non nascono più bambini

a • Calano: l'occupazione e la popolazione. Aumentano: il numero degli studenti e il benessere.
• Non nascono più bambini.
• Sono alti, longevi e colti.
• Fornisce statistiche di quello che cambia, migliora o peggiora in Italia.

b
- più longevi
- più a lungo
- Giappone
- Regno Unito (Gran Bretagna)
- sono più longevi
- vivono meno
- Giappone

c
- Non nascono più bambini.
- Recentemente, la durata media della vita in Italia è aumentata.
- Gli italiani sono più colti e longevi, ma cala l'occupazione.

17 Camminare è bello

b
- Esce con qualsiasi tempo.
- Fa una passeggiata ogni mattina.
- Porta la sua cagna.
- È rilassante.
- Ama camminare lontano dai motori e dai rumori.

UNITÀ 12

Focus
1C 2A 3B 4D 5E 6J 7H 8I
9K 10L 11N 12F 13G 14M

2 All'aeroporto

a Si consegna il bagaglio.
Si controllano i passaporti.
Si passa il controllo di sicurezza.
Si va all'uscita per l'imbarco.
Si sale a bordo.

b Si scende dall'aereo
Si fa il controllo del passaporto.
Si ritirano le valige.
Si passa la dogana.

c *boarding*   l'imbarco
on board   a bordo
customs   la dogana

d Prima di tutto ha consegnato il bagaglio.
Poi ha fatto il controllo del passaporto.
Subito dopo ha passato il controllo di sicurezza.
Dopo un po' è andato all'uscita per l'imbarco.
E infine è salito a bordo.

3 Cruciverba

1	passaporto	6	volo
2	pilota	7	a mano
3	posto	8	ritiro
4	bagaglio	9	passeggeri
5	carrello		

4 Partenze

a
- Inghilterra/Gran Bretagna, Germania, Olanda, Russia, Francia, Italia
- Birmingham
- 16,40
- Lufthansa
- Uno
- 16,03
- uscita 20

5 Arrivi

VOLO	ARRIVO PREVISTO	ARRIVO
AZ567	14,02	14,17
LH5488	14,20	15,20
BA284	15,05	15,50
KL OP54	15,23	15,35
TW050	16,00	16,45
AF479	16,00	

6 Viaggi on-line

a 1 Epocatour. 2 Cleopatra.
   3 Cleopatra / Unoviaggi.
   4 Unoviaggi. 5 Telephone-Travel.

b *See* Student's Book, *page 239.*

c si può, si possono, si possono, si
   possono, si può

7 Alla stazione

b Vorrei sapere a che ora c'è un treno
   per Bologna domani mattina.
   Ce n'è uno alle 7,45…
   A che ora arriva a Bologna?
   Mi dispiace, non lo so.
   Da che binario parte?

10 Annunci

Tipo di treno	Provenienza	Destinazione	Binario	Ritardo
Diretto	Pisa	Napoli	8	
Espresso	Genova	Roma		15 minuti
Direttissimo	(Grosseto)	Napoli	17	
Rapido	Genova	Napoli	1	20 minuti
Locale	(Grosseto)	Siena	2	
Espresso	Ventimiglia	Roma	1	8 minuti

11 Londra–Roma

a Il nostro viaggio in Italia
   quest'anno <u>è stato</u> un disastro.
   Come sempre <u>abbiamo viaggiato</u> in
   treno. <u>Siamo andati</u> in macchina alla
   stazione Vittoria, ma a metà strada
   <u>siamo rimasti</u> bloccati nel traffico.

   Allora <u>abbiamo lasciato</u> la macchina
   e <u>abbiamo preso</u> la metropolitana.
   Ma il treno <u>è rimasto</u> fermo in una
   galleria per più di 15 minuti. <u>Siamo
   arrivati</u> alla stazione Vittoria,
   correndo dispertamente, alle 10,29.

Il treno è partito alle 10,30! Dopo due ore siamo arrivati a Dover e abbiamo preso il battello; la traversata è durata circa un'ora. A Boulogne abbiamo preso il treno e dopo circa tre ore e mezzo, siamo arrivati a Parigi, ma il treno era affollato e siamo rimasti in piedi tutto il tempo. A Parigi ci siamo fermati per due ore e mezza, poi abbiamo preso il Palatino e siamo arrivati a Roma la mattina dopo alle 9,30. Il viaggio però non è stato troppo comodo. Avevamo le cuccette, ma una persona ha russato tutta la notte e nessuno è riuscito a dormire. Perciò siamo arrivati a Roma stanchissimi. Abbiamo subito trovato un albergo e siamo andati a dormire!

b

Stazione Vittoria	10,30
Dover	12,30
Boulogne	13,35
Parigi arr.	16,30
Parigi part.	19,00
Roma	9,30

12 In macchina

Lati positivi: è comoda, è veloce, permette di fare tante cose, ti rende indipendente, è economica, è utile a te e agli altri

Lati negativi: in città è più lenta del bus, inquina l'aria, rovina le città, è asociale, è costosa, ti fa diventare pigro

d
- Ha la macchina?
- Che tipo di macchina è?
- Di che colore è?
- Da quanto tempo ce l'ha?
- Quando la usa?
- Cosa pensa della sua macchina?

13
See recording script, page 64.

14 In autostrada
a
1 Montecatini
2 Pisa
3 Firenze

15 Torinese dimentica la moglie
b
- Per fare benzina e prendere un caffè.
- Per stanchezza.
- Per fare benzina.
- Per andare in vacanza.
- Per chiedere aiuto.

16 Che tempo fa?
a

Bolzano	14	Perugia	17
Venezia	16	L'Aquila	8
Milano	14	Roma	14
Torino	15	Bari	18
Genova	20	Napoli	19
Bologna	16	Palermo	25
Firenze	16	Cagliari	19

b
- L'Aquila. Nel centro
- Palermo. Nell'Italia meridionale
- 16 gradi
- A Cagliari
- A Milano

17

1 Nevica.
2 C'è nebbia.
3 C'è il sole/È sereno.
4 C'è vento
5 Piove.

19 Cartoline

Pioggia, freddo: Marsiglia
Isola, caldo: Creta

20 Che tempo farà?

a Sabato

b ↓

	Nuvoloso	Pioggia	Sereno/Sole	Schiarite	Nebbia	Neve
Sabato	sì	sì	sì	sì	no	no
Domenica	sì	no	sì	sì	no	no

UNITÀ 13

1

A8 B7 C9 D3 E1 F4 G2 H5

2 Armando

a Si alza alle 6,30–7.00.
  Beve caffè.
  Fa passeggiate e chiacchiere con
     amici.
  Parlare con amici, leggere, nuotare.

3 Flavia

a Dove: Inghilterra
  Quando: Questa estate
  Per quanto tempo: Un mese
  Con chi: Il marito
  Attività: Traduzioni, letture, ricerca
  Aspetti positivi: Tempo bello, sole,
     caldo

  Armando è andato al mare, Flavia
     invece è andata a Londra.
  Mentre Armando si è riposato,
     Flavia ha lavorato.

  Armando è andato con amici,
     mentre Flavia è andata con
     suo marito.

b Dove è andato/a?
  Quando è partito/a ... ritornato/a?
  Per quanto tempo è rimasto/a?
  Con chi è andato/a in vacanza?
  Che attività ha fatto?
  Quali sono gli aspetti positivi della
     vacanza?

5 In crociera

a Crociera 2.
  Ristorante con menù alla carta,
     spettacoli tutte le sere, visite, prezzi
     eccezionali

6 Com'è andate?

a tutto – niente
  tutti – nessuno
  dappertutto – da nessuna parte
  sempre – mai
  un mondo – per niente.

b Non ha voluto fare niente.
Non ha parlato con nessuno.
Non è andato da nessuna parte.
Non è uscito mai.
Non si è divertito per niente.

7

Non ho visto nessun film.
Non ero al bar con nessuno.
Non è vero! Non ho dato un bacio a
   nessuno.
Non sono bugiarda! Dico sempre la
   verità./Non dico mai bugie.

10 Al campeggio

a Vorrei una tenda per due
Per una settimana
C'è una pizzeria aperta dalle 11,00
   alle 24,00
C'è un piccolo supermercato
   aperto dalle 9,30 alle 13,00 e
   dalle 16,00 alle 20,00
Per i bambini c'è la piscina, il
   ping-pong, lezioni di tennis,
   equitazione.
Sì, c'è la discoteca, i film e la
   sala tv.
Sì, c'è un servizio di babysitter fino
   alle 24,30.
La tenda costa €7,23, e per una
   persona sono €4,49.
Per i bambini fino a sei anni è gratis.

11 La vacanza di Laura

a Sono andati in Sardegna.
Sono partiti da Rieti.
Hanno preso prima il treno,
   poi il traghetto.

Sono arrivati a Olbia.
Sono andati in campeggio.
Sono rimasti circa 15 giorni.

Il posto era bello
Il mare era bello
Il campeggio era carino, era sul
   mare, era comodo, era/stava
   a 1 km dal paese
Il tempo com'era? Era caldo, era
   ventilato

b Dove sono andati?
Da dove sono partiti?
Che mezzi hanno preso?
Dove sono arrivati?
Dove sono andati?
Quanti giorni sono rimasti?
Il posto com'era?
Com'era il mare?
Com'era il campeggio?
Dov'era il campeggio?
Era vicino al mare/al paese?
Il tempo com'era?
Era caldo, era ventilato?

13 Che farà Emilia?

• Con la figlia
• Una diecina di giorni
• Perché non la conosce
• Al mare andrà in Spagna

14

L'anno scorso sono andata in
   campeggio, l'anno prossimo andrò
   in albergo.
in Grecia – in Spagna
in treno – in aereo
da sola – con amici

15
paese nuovo – in Spagna
riposarci – in campagna
sole – al mare
passeggiate – in montagna

UNITÀ 14

Focus
A1 B7 C16 D3 E4 F6 G8 H10 I9
J11 K12 L13 M14 N15 O2 P5

1 Rime
testa, neve, stazione, porta, cane *(see recording script), page 67.*

2 Coppie
partire e tornare
gonna e camicetta
estate e inverno
forchetta e coltello
comprare e vendere

Buon Natale e Buon Anno
Buon viaggio e buone vacanze
Buona notte e buon riposo
Buon pranzo e buon appetito
Buona serata e buon divertimento

3 Di che sono fatti?
Sono fatti di legno: le matite, gli armadi, le sedie, i fiammiferi, gli alberi
Sono fatti di metallo: i coltelli, le pentole, le macchine, le biciclette, gli orecchini
Sono fatti di vetro: le finestre, i bicchieri, gli specchi, i vasetti, gli occhiali

4 Di che parlano gli articoli?
a   A   di una tartaruga
     B   di un pitone
     C   di golosi
     D   di un fagiano

b   3 (non parla di animali)

c   1D   2A   3C   4B

d   1C   2A   3D   4B

5 D.H. Lawrence
b   • Orazio Cervi era un modello.
     • Lo aveva conosciuto in Inghilterra.
     • Ai margini del Parco Nazionale d'Abruzzo.
     • Ci è andato nel 1919.
     • Ha viaggiato anche in Messico e America.

d   Che bel posto!
     Che bella giornata!
     Che freddo!
     Che musica straordinaria!

e   Per arrivare a Picinisco si attraversa il fiume.
     Per andare al mercato si fanno cinque miglia.

Per mangiare pane si deve farlo in casa.

Per andare al paese si cammina per due miglia.

Per dormire si va al piano di sopra.

6 Chi si salverà?

a utile – inutile
leggero – pesante
senza valore nutritivo – nutriente
comodo – scomodo

7 Trasporti

e 1 L'aereo, perché è veloce e non è faticoso.

2 Il treno, perché è rilassante.

8 Quanto ci vorrà?

- Roma–Milano: 1 ora e 45 minuti
- Londra–Roma: circa 8 ore
- Londra–Edimburgo: 2 ore e 15 minuti
- Madrid–Parigi: 6 ore e 15 minuti
- Valencia–Bruxelles: 6 ore
- Torino–Lecce: 5 ore e 45 minuti

9 Suoni italiani

1J 2F 3A 4B 5G 6D 7H 8E 9C 10I

10 La città più bella

a *See recording script, page 68.*

Recording Transcripts

La pronuncia italiana

Vocali

a casa
e mele
e sette
i vino
o colore
o otto
u uva

Gruppi di vocali

pianta, già
vieni?
fiori
più, Giulio
guarda
questo, quello
qui
buono

mai
Mauro
neutro
poi

paese
aereo
Maria
paura

Consonanti

c	casa, come, cuoco, bocca
c	cena, cibo, cielo, faccio
ch	che, barche,
	chi, chiesa, chiacchiera
g	gatto, gola, gufo
g	gelato, Gino, maggio
gh	targhe, pagherò
	ghiaccio, laghi
gli	figlio, bottiglia
gn	bagno, bisogna
r	Roma, mare, erba, arte, metro,
	treno, presto, frutta, terra
s	se, sole, basso
	casa, rosa
sce	scendere, pesce
sci	sci, sciopero
sche	schema, pesche
schi	schifo, foschia
t	tè, tanto, tutto
	dente, dentro,
	tre, treno, trentatrè
z	zio, zoo
	azione, stazione, pazzo

Consonanti doppie

Attenzione:

casa	cassa
rosa	rossa
polo	pollo
zero	pazzo

bocca	faccia	chiacchiera
baffi	leggo	leggere
bello	mamma	marrone
nonno	possiamo	petto
tacco	vorrei	bellezza

Accento

città, felicità, farà
c'è, caffè, perché
sì, così
vedrò, andrò
può
più

UNITÀ 1

Focus

aranciata, patatine, gelato, birra, vino,
Coca-Cola, Martini, cappuccino,
succo di frutta, tè, acqua minerale,
caffè

1 Cosa prendiamo?

Signora: Scusi…
Cameriere: Dica!
Signora: Un caffè, per favore.
Cameriere: Ecco.

2

Signora: Scusi …
Cameriere: Dica!
Signora: Un cappuccino, per favore.
Cameriere: Ecco un cappuccino.
Signora: Quant'è?
Cameriere: Un euro.
Signora: Ecco un euro.
Cameriere: Grazie.
Signora: Prego.

3

Signora: Per me una Coca-Cola e
  per il bambino un panino.
Cameriere: Ecco a lei.

Signore: Per me una birra, per
  favore.
Cameriere: Va bene.

Signore: Per me un cappuccino.
Cameriere: Mi dispiace signore, il
  cappuccino non c'è.
Signore: Allora un caffè, per favore.

Cameriere: Per lei, signorina?

Signorina: Vorrei un'aranciata e un
  pacchetto di patatine.

6 Quant'è?

Assistente di volo: Buongiorno.
Signore: Buongiorno.
Assistente: Desidera?
Signore: Vorrei una birra fresca.
Assistente: Italiana o inglese?
Signore: Italiana, per favore.
Assistente: Ecco a lei. E la signora
  che prende?
Signore: Un Martini rosso.
Assistente: Con ghiaccio o senza?
Signore: Con ghiaccio e limone.
Assistente: Va bene. Ecco a lei.
Signore: Quant'è?
Assistente: Quattro euro in tutto.
Signore: Ecco quattro euro.
Assistente: Grazie.
Signore: Prego!

11 A bordo

Signori buongiorno. Benvenuti a bordo.
È il comandante che vi parla. In questo
momento siamo a un'altezza di
diecimila metri. Sotto di noi ci sono le
Alpi. A sinistra c'è la Svizzera e il lago
di Ginevra. A destra c'è l'Italia e ci sono
i laghi – e a sud delle Alpi c'è Milano.

12

l'Italia	la Grecia
la Francia	la Russia
la Spagna	la Svezia
il Portogallo	il Lussemburgo
la Germania	l'Olanda
la Svizzera	la Finlandia

la Gran Bretagna la Danimarca
l'Irlanda l'Ungheria
il Belgio la Turchia
l'Austria la Polonia

14

L'alfabeto italiano
a b c d
e f g
h i
l m n o
p q
r s t
u v z

j k w x y

15

l numeri da zero a dieci:
0 1 2 3 4 5 6 7 8 9 10

17 Incontro

Paolo: Scusi, lei è italiana?
Lisa: No, sono inglese.
Paolo: Di Londra?
Lisa: No, di Bath. Di dov'è lei?
Paolo: Sono di Firenze. Sono italiano.
Mi chiamo Paolo Cantoni. E lei
come si chiama?
Lisa: Lisa Ford.
Paolo: Ah, piacere! Parla bene italiano.
Lisa: Be', abbastanza. Mia madre è
italiana, di Verona.
Paolo: Ah. E lei va a Verona?
Lisa: No, vado a Venezia.
Paolo: Anch'io vado a Venezia.
Lisa: In vacanza o per lavoro?
Paolo: Per lavoro. Vado per tre giorni.
Sono antiquario.

Lisa: Ah, è un lavoro interessante! Io
vado in vacanza: sette giorni di
riposo totale.

22 Quattro persone

Carla: Mi chiamo Carla e sono
italiana. Sono di Milano. Vado a
Cambridge in vacanza per una
settimana.
Tony: Sono inglese. Sono di Stratford.
Vado a Genova per lavoro, per due
giorni. Mi chiamo Tony.
Giulia: Vado a Firenze per due
settimane. Mi chiamo Giulia.
Sono di Venezia. Sono italiana.
Vado in vacanza.
Arturo: Io vado in Italia per lavoro.
Vado a Torino per dieci giorni. Mi
chiamo Arturo. Sono italiano, di
Napoli.

UNITÀ 2

Focus

Come si chiama? Che lavoro fa?
Mariella Scotti. Faccio la dottoressa.
Pietro Martelli. Faccio il parrucchiere.
Armando Picasso. Faccio l'operaio.
Lina Funale. Io faccio l'impiegata.
Anna Vinci. Faccio la segretaria.
Giorgio Melli. Io sono un biologo.
Mario Migucci. Faccio il vigile urbano.
Alberto Moravia. Sono uno scrittore.

1

Giuliana: Senta, lei che lavoro fa?
Renata: Faccio la segretaria.
Giuliana: Lei che lavoro fa?
Luisella: Io sono psicologa.
Giuliana: Che lavoro fai, Piero?
Piero: Il papà.
Giuliana: A tempo pieno?
Piero: A tempo pieno.

3

Mariolina: Lei come si chiama?
Angela: Angela.
M: Che lavoro fa?
A: Lavoro in un negozio.
M: Da quanto tempo fa questo lavoro?
A: Da due mesi.
M: Le piace il suo lavoro?
A: Molto.

Mariolina: Lei come si chiama?
Liliana: Liliana.
M: Che lavoro fa?
L: L'insegnante.
M: Da quanto tempo fa questo lavoro?
L: Da venti anni.
M: E le piace?
L: Moltissimo.

Mariolina: Lei come si chiama?
Luciano: Luciano.
M: E che lavoro fa?

L: Sono un medico.
M: Dove lavora?
L: Lavoro in un ospedale.
M: E da quanto tempo fa questo
      lavoro?
L: Da diciotto anni.
M: Le piace?
L: Sì, mi piace.

Mariolina: Scusi, come si chiama lei?
Franco: Franco.
M: Che lavoro fa?
F: Sono un avvocato.
M: Da quanto tempo?
F: Oltre trent'anni.
M: Per chi lavora?
F: È un lavoro indipendente.
M: Le piace?
F: Sì, molto.

Mariolina: Scusi, come si chiama lei?
Bibi: Bibi.
M: Che lavoro fa?
B: La mamma, la moglie … e basta.
M: E da quanto tempo fa questo
      lavoro?
B: Da venti anni.
M: Le piace?
B: Ancora sì.
M: E per chi lavora?
B: Per tutti!

12 I numeri da undici a cento:

undici	ventuno	quaranta
dodici	ventidue	cinquanta
tredici	ventitré	sessanta
quattordici	ventiquattro	settanta
quindici	venticinque	ottanta
sedici	ventisei	novanta
diciassette	ventisette	cento
diciotto	ventotto	
diciannove	ventinove	
venti	trenta	

13 Le ore

Sono le cinque.
Sono le sette e un quarto.
Sono le nove e mezza.
Sono le 11 e tre quarti.
È l'una.

17 A che ora comincia? A che ora finisce?

Valentina: La mia scuola inizia alle 8 e un quarto e finisce alle due e dieci … Poi … l'intervallo è alle 11 e venti e finisce alle 11 e trenta. Quindi abbiamo quasi sei ore di scuola piena.

Titta: La mia scuola comincia alle otto e mezza e finisce all'una e mezza. Abbiamo un intervallo di venti minuti, dalle dieci e mezza alle dieci e cinquanta, cioè le 11 meno dieci.

19

Peter: Devo cambiare dei soldi. A che ora apre la banca?

Ugo: Apre alle 8 e trenta e chiude alle 16 e trenta.

Peter: E scusa, a che ora aprono i negozi?

Ugo: In genere aprono alle 9 e chiudono all'una per il pranzo. Riaprono alle 4 e chiudono alle 20.

Peter: E i bar?

Ugo: I bar aprono presto, alle 7 e mezza e chiudono tardi, a mezzanotte.

21 La routine quotidiana

Mariolina: Natalia, tu a che ora ti alzi?

Natalia: D'estate alle dieci. D'inverno, quando vado a scuola, presto – alle otto.

Mariolina: E tu Fiora, a che ora ti alzi?

Fiora: Io mi alzo tutte le mattine alle sei.

Mariolina: E tu Camilla, a che ora ti
alzi tu?

Camilla: Io mi alzo d'estate alle nove,
e d'inverno, quando devo andare a
scuola, alle sette.

Mariolina: E tu Maria Chiara? A che
ora ti alzi?

Maria Chiara: D'estate in vacanza mi
alzo tardi – alle nove, nove e trenta.
L'inverno, quando vado a scuola,
mi alzo verso le sette e trenta.

M: Fiora, a che ora ceni tu?

F: Ceno di solito alle sette e mezza.

M: Camilla, e tu a che ora ceni?

C: Io di solito ceno verso le otto.

M: Natalia, a che ora ceni tu?

N: Ceno alle nove, nove e mezza.

M: E tu Maria Chiara, a che ora ceni?

MC: Verso le otto e mezza.

M: Tu a che ora vai a letto, Natalia?

N: Di solito, alle dieci e mezza.

M: E tu Maria Chiara a che ora vai a
letto?

MC: Verso le undici d'estate, e
d'inverno verso le dieci.

M: Camilla, a che ora vai a letto tu?

C: Io quando ho scuola verso le nove,
e in vacanza verso le dieci.

M: E tu Fiora, a che ora vai a letto?

F: Io vado a letto di solito alle
undici e trenta.

22 La giornata di Franco

Io mi sveglio alle sette e trenta del
mattino. Mi alzo e alle sette e quaranta

prendo un caffè. Alle otto meno un
quarto mi lavo e mi vesto, e verso le
otto e trenta esco e vado al lavoro.
Arrivo in studio alle nove e quindici e
lavoro fino all'una.

Poi esco, e verso l'una e mezza prendo
un panino al bar. Dopo un'ora circa
torno in studio e lavoro tutto il
pomeriggio con i clienti. Alle sette
finisco e torno a casa. Sono le otto. Mi
faccio subito una bella doccia. Verso le
otto e trenta ceno con la famiglia. Alle
dieci mi rilasso con la tv per un'ora e a
mezzanotte vado a dormire.

25

Trenta giorni ha novembre
con aprile, giugno e settembre.
Di ventotto ce n'è uno:
Tutti gli altri ne han trentuno.

27

Mariolina: Senti Carolina, quanti
anni hai?

Carolina: Nove.

Mariolina: E tu Maria Chiara quanti
anni hai?

Maria Chiara: Dieci.

Mariolina: E tu Aurora quanti anni
hai?

Aurora: Cinque.

Mariolina: E tu Camilla quanti anni
hai tu?

Camilla: Io sei.

Mariolina: Eh?

Camilla: Sei.

28

Mariolina: Senti Carolina, quanti anni hai tu?

Carolina: Ho nove anni.

Mariolina: E quand' è il tuo compleanno?

Carolina: Il sedici agosto.

Mariolina: Allora tanti auguri! Buon compleanno!

UNITÀ 3

Focus

A: Ti presento mio marito.

B: Piacere!

A: E questo è mio figlio, e questa è mia figlia.

C: È tuo fratello?

D: No, è mio cugino; e questa è mia sorella.

C: Piacere!

E: Questo è Carlo, e quella è sua moglie.

2

Piero: Ecco la <u>mia</u> famiglia. Questo sono io, Piero. Ho due sorelle e un fratello: Carla, Silvia e Gianni. <u>Mia</u> madre si chiama Teresa e <u>mio</u> padre si chiama Enrico. <u>Mio</u> padre ha un fratello più grande, zio Roberto, e una sorella più piccola, zia Mariella. <u>Mia</u> madre, invece, è figlia unica. I <u>miei</u> nonni materni abitano in campagna. <u>Mia</u> nonna si chiama Irene e ha 68 anni, e <u>mio</u> nonno si chiama Eugenio e ha 70 anni. I nonni paterni non ci sono, sono morti.

3

Giuliana: Senti, tu hai fratelli e sorelle?

Maria Chiara: Una sorella più grande.

G: E come si chiama?

MC: Antonella.

G: Quanti anni ha?

MC: Sedici.

Anna: Tu hai fratelli e sorelle, Camilla?

Camilla: No.

Anna: Sei figlia unica?

Camilla: Sì, sono figlia unica.

Anna: E tu, Annetta?

Annetta: Ho un fratello.

Anna: Più grande o più piccolo?

Annetta: Più grande.

Anna: E tu, Aurora? Hai fratelli e sorelle?

Aurora: Fratelli no, ho una sorellina più piccola.

Anna: Quanti anni ha?

Aurora: Ha un anno e mezzo!

Anna: Lei è figlio unico, signor Meli?

Meli: No, ho due fratelli e due sorelle.

5 La famiglia di Luisella

Giuliana: Le dispiacerebbe descrivermi la sua famiglia?

Luisella: No, certo.

G: Quante persone siete?

L: Siamo quattro persone. Io, mia sorella, mio fratello e mia madre.

G: Come si chiamano i suoi fratelli?

L: Mio fratello si chiama Giuseppe e mia sorella si chiama Luciana. Mia madre si chiama Elisa.

G: Quanti anni ha Luciana?

L: Luciana ha quarantacinque anni e mio fratello cinquanta, e mia madre ha ottantadue anni.

G: Suo fratello e sua sorella che lavoro fanno?

L: Mio fratello è un notaio, mia sorella è un'insegnante di lettere nelle scuole medie.

G: Suo fratello è sposato?

L: Sì, è sposato e ha due bambini.

G: E sua sorella?

L: Sì, anche lei, ha due figli grandi adesso.

8

Tina ha gli occhi azzurri e i capelli neri e corti.

Roberta ha gli occhi verdi e i capelli castani lisci e lunghi.

Marco ha i baffi neri e i capelli grigi e ricci.

Elena ha i capelli biondi lunghi e gli occhi grandi.

Sandro ha gli occhi castani e la barba bionda. Porta gli occhiali.

11 Che tipo è?

a Anna: Senti, che tipo è Cati?
Laura: Fisicamente?

A: Ma in generale, anche fisicamente, com'è?

L: Fisicamente è alta, magra, ha le gambe lunghe e i capelli biondi e gli occhi celesti, e come

carattere è molto aperta, simpatica e spiritosa, a volte anche un po' ironica.

A: Ma mi sembra un po' timida qualche volta.

L: Sì, è timida, infatti non è molto sicura di se stessa.

b M: Valentina, che tipo è Francesca?

V: Mia sorella è una ragazza … una bella ragazza, abbastanza aperta e molto impulsiva. Fisicamente non è molto alta, è magra, ha i capelli lunghi castano scuro, ha gli occhi verdi, la pelle abbastanza scura e delle mani molto piccole.

13 Animali domestici

Lorenza: Sono figlia unica, non ho animali in casa, non ho fratelli nè sorelle.

Serena: Ho due bellissimi gatti e tre tartarughine d'acqua.

Marco: Amo gli animali, ho cinque cani a casa mia.

Vale: Il mio cane si chiama Terry. Ha quattro anni. È un fox terrier, è abbastanza alto, è un fox terrier con pelo riccio, è bianco con le macchie nere e marroni.

Renata: Sì, ho un gattino bianco e nero …

Elena: Amo molto gli animali e infatti ho un cane, Eddie, molto affettuoso. Ho inoltre otto canarini e l'acquario con i pesci.

Barbara: Non ho animali in casa, ma mi piacciono molto.

16

A: Piacere!
B: Piacere.
A: Lei è di qui?
B: No, sono toscana.
A: Ah, io sono di Genova.
B: E lavora qui a Milano?
A: No, lavoro a Siena. Ho un negozio di scarpe. E lei?
B: Ah! Anch'io faccio il commerciante.
A: E da quanto tempo fa questo lavoro?
B: Da tre anni. È un lavoro interessante. Viaggio molto. Mi piace viaggiare.
A: Ha figli?
B: No, non ho figli. E lei?
A: Sì, io ho tre figli. Anche a me piace viaggiare, e vado spesso a Firenze per lavoro.

UNITÀ 4

Focus

Carlo: Tu dove abiti, Mauro?
Mauro: Abito in un appartamento.
Renata: Mia nonna abita in una bella casa di campagna.
Vanna: Noi abitiamo in un appartamento al centro. E voi?
Armando: A Perugia abitiamo in una villetta a schiera. D'estate prendiamo una casetta al mare.

Franco: Ecco casa mia. È in quella palazzina a sei piani. Mio fratello e mia cognata invece abitano in quel palazzo moderno laggiù.

1

Dal portiere

A: Scusi, l'ufficio della RAI?
B: Primo piano.
C: La Ditta Musetti, per favore?
B: Al 3° piano.
D: Scusi, a che piano sta l'avvocato Meliadò?
B: Al 5° piano, signora.
E: Dov'è lo Studio Medico Franchi, per favore?
B: Al 4° piano.

3

Il mio appartamento è al quinto piano … una casa di circa 120 metri quadrati, composta da un soggiorno piuttosto grande, una cucina, uno studio, due camere da letto e due bagni.

4 La mia casa

Fiora: La mia casa, credo sia la casa tipo della famiglia media italiana. È un appartamento in un fabbricato … sta al terzo piano. Appena si entra c'è un corridoio, o un ingresso come si può chiamare. A sinistra c'è una stanza molto grande, poi c'è un terrazzo che da questa stanza gira e arriva fino in cucina. In fondo all'ingresso c'è un piccolo bagno, un salottino a destra e la cucina è a sinistra. Poi ci sono altre due stanze e un bagno più grande.

Mariolina: Sono stanze da letto?

Fiora: Ci sono due stanze da letto, un salottino, un salone, la cucina e due bagni.

6 Renata

Noi non mangiamo in cucina. Nel salone passiamo moltissime ore della giornata, perchè lì guardiamo la televisione, lì io lavoro a maglia, lì io gioco a carte con gli amici. Sul balcone coltivo i fiori. Mia figlia Laura studia nel tinello.

10 La mia stanza

Dunque, la mia stanza è abbastanza grande e ha una sola finestra proprio di fronte alla porta. A destra della finestra c'è un piccolo caminetto e un mobile con la televisione e un lume. Sopra il caminetto c'è uno specchio antico molto bello. Dietro la televisione ci sono gli scaffali con i libri. Sotto i quadri, a destra, c'è un divano-letto con molti cuscini. Al centro della stanza c'è un tappeto e una piccola poltrona e, a sinistra, un tavolo con quattro sedie. Dietro c'è un armadio moderno per i vestiti, e vicino all'armadio una bella pianta (io adoro le piante).

15 Gli elettrodomestici

Lavastoviglie ultimo modello, 446 euro.
Aspirapolvere potentissimo con scopa elettrica, 248 euro.

TV a colori 12 pollici con telecomando lunga vita, 321 euro.
Lavatrice moderna basso consumo di energia, 376 euro.
Ferro a vapore, 14,98 euro.
Surgelatore con frigorifero a due cassetti, 361 euro.
Fon a tre velocità, 16,80 euro
Nuova cucina a gas con forno elettrico, 415 euro
Computer completo con modem interno 64 MB, 1867 euro.
Videoregistratore stereo, 299 euro.

16 In albergo

A: Buonasera. Desidera?
B: Una camera, per favore.
A: Singola o doppia?
B: Singola.
A: Per quante notti?
B: Per tre notti.
A: Con bagno o con doccia?
B: Con bagno.

17

A: Buongiorno. Desidera?
B: Vorrei una camera doppia, per favore.
A: Una doppia. Per quante notti?
B: Per tre notti.
A: Mezza pensione o pensione completa?
B: Mezza pensione.
A: Dunque, doppia con bagno, mezza pensione, viene €62.
B: E con doccia?
A: Con doccia viene €39.

B: Va bene con doccia.

A: Allora con doccia … al terzo piano, camera numero 60.

B: La prima colazione è compresa?

A: No, mi dispiace, la prima colazione non è compresa. Ha un documento per favore?

B: Sì, ecco il passaporto.

20

Pronto? Vorrei un'informazione, per favore. Vorrei un buon albergo di seconda categoria, aperto a marzo, con televisione nelle camere.
Abbiamo con noi un cane.
… C'è il giardino per i bambini?

21

L'alfabeto telefonico

A come Ancona
B come Bologna
C come Como
D come Domodossola
E come Empoli
F come Firenze
G come Genova
H come Hotel
I come Imola
L come Livorno
M come Milano
N come Napoli
O come Orvieto
P come Pisa
Q come Quebec
R come Roma
S come Salerno
T come Torino
U come Udine
V come Venezia
Z come Zara

A: Pronto?

B: Pronto. Albergo Quattro Stagioni. Desidera?

A: Vorrei prenotare una camera doppia con bagno e una singola per un bambino.

B: Quando, signore?

A: Dal 4 al 10 agosto. Vorrei anche la prima colazione.

B: Benissimo, signore. Il nome per favore?

A: Tom Mirton.

B: Come si scrive?

A: Dunque, il nome: T come Torino, O come Orvieto, M come Milano. Il cognome è: Milano, Imola, Roma, Torino, Orvieto, Napoli.

B: Bene. Il signor Tom Merton.

A: No, non Merton – Mirton: i come Imola.

B: Ah, scusi. Mirton, Tom Mirton. Benissimo.

UNITÀ 5

Focus

Dunque, oggi partiamo da Piazza Venezia e andiamo prima al Campidoglio e poi al Colosseo e al Foro romano. Domani partiamo sempre da Piazza Venezia e andiamo prima al Pantheon e a Piazza Navona.
Poi, nel pomeriggio, andiamo a visitare Castel Sant' Angelo e San Pietro.

1

A: Dove andiamo?
B: Via Frattina 39.
A: Dove andiamo?
C: Viale Parioli 126.
A: Dove andiamo?
D: Piazza Risorgimento 11.
A: Dove andiamo?
E: Corso Vittorio 223.

2 Dove siete?

Tommaso: Pronto? Ciao Nico, sono Tommaso, sono arrivato.

Nico: Dove sei?

Tommaso: Sotto casa tua, davanti alla farmacia, vicino al semaforo.

Nico: Aspettami, vengo subito!

Lisa: Pronto? Carla? Siamo arrivati.

Carla: Dove siete?

Lisa: Siamo a Piazza Esedra, vicino alla stazione.

Carla: Dove esattamente?

Lisa: Di fronte al cinema, vicino all'edicola.

Carla: Bene. Vengo a prendervi. Sono lì fra dieci minuti.

5 Dove la manda il vigile?

Vada sempre dritto per il Corso, prenda la seconda a destra e poi la seconda a sinistra.

Prenda la prima a sinistra, Via del Plebiscito, poi la terza a destra ed è lì in fondo.

Vada sempre dritto per Via dei Fori Imperiali ed è lì di fronte, dopo il Foro.

Prenda Via del Corso, vada avanti, sempre dritto, dopo Piazza Colonna giri a destra in Via Condotti, ed è lì.

6 Dov'è?

A: Scusi, dov'è il ristorante Da Mario?
B: Prenda la prima a destra e il ristorante è in fondo, a destra.

A: Scusi, dov'è il Teatro Rossini?
B: Vada dritto, prenda la seconda a destra e il teatro è lì a sinistra.

A: Scusi, dov'è il cinema Corso?
B: Dunque, vada dritto, prenda la prima a sinistra, poi giri a destra ed è subito lì, sulla destra.

A: Scusi, c'è una banca qui vicino?
B: Sì: prenda la seconda a sinistra, giri a destra, e la banca è lì, a sinistra, di fronte al Bar Massimo.

7 Le fontane di Roma

Bianca: Ciao Peter, la settimana prossima vado a Roma: mi puoi dare un consiglio? Tu Roma la conosci bene. Mi puoi dire cosa posso vedere in due giorni?

Peter: Ma … in due giorni non puoi vedere tutto. Per me la cosa più bella a Roma sono le fontane. Sono stupende. Tu in che albergo vai?

Bianca: Vado in una pensione in Via dei Barbieri, vicino a Largo Argentina.

Peter: Benissimo, lì vicino ci sono tre fontane meravigliose: la Fontana dei Fiumi a Piazza Navona, la Fontana delle Tartarughe a Piazza Mattei e non lontano, vicino al fiume, c'è il Mascherone di Via Giulia.

Bianca: Che bell'idea! E senti, posso andarci a piedi?

Peter: Certo, sono vicinissime. Dunque, la più vicina è la Fontana delle Tartarughe. Da Via dei Barbieri devi andare a Via Arenula. Lì devi girare a destra e attraversare la strada, poi devi prendere la terza a sinistra, Via dei Falegnami. Poi devi andare sempre dritto fino a Piazza Mattei e li c'è la fontana.

14 Lei come va al lavoro?

Roberta: Di solito in macchina: ci vogliono circa 45 minuti se non c'è traffico.

Bianca: Vado sempre in metropolitana, ci vogliono 20 minuti, è molto veloce.

Carlo: Qualche volta a piedi, qualche volta in autobus. Quando vado a piedi ci vogliono 30 minuti, in autobus ci vogliono 10 minuti.

Diana: Sempre a piedi, è vicinissimo: ci vuole non più di un quarto d'ora.

Massimo: Vado in tram, generalmente, perchè sono molto frequenti: ci vuole più o meno mezz'ora.

Federico: Prendo prima l'autobus e poi il treno – ci vuole circa un'ora, perché l'ufficio è lontano.

Giulia: Se c'è il sole vado in bicicletta, se piove in autobus. In bicicletta ci vuole solo mezz'ora, e in autobus circa tre quarti d'ora perché qualche volta si deve aspettare.

17

A: Scusi, c'è un autobus per il Colosseo?

B: Sì, c'è l'11.

A: Dov'è la fermata?

B: Davanti alla Standa, a duecento metri.

A: Scusi, che autobus prendo per San Pietro?

B: Ma c'è il tram, signora. La fermata è a Piazza Ungheria, all'angolo. È a due passi.

A: Che numero è?

B: Il 30.

22

James: Scusi, quanto costa un francobollo per l'Inghilterra?

Tabaccaio: 41 centesimi per tutta l'Europa, posta prioritaria 62 centesimi.

J: Allora vorrei due francobolli da 41 centesimi, per favore.

T: Ecco a lei.

J: Grazie, buongiorno.

T: Prego, buongiorno.

UNITÀ 6

Focus

Banane, uva bianca e nera, frutta bella,
　　signore!
Banane extra, €1,55 al chilo!
Patate €0,77 al chilo!
Pesche bianche, €1,81 al chilo!
Uva nera, €1,55.
Lattuga, €1,29 al chilo!
Pomodori rossi, solo €1,05 signore!
Pomodori verdi, €1,55.
Peperoni, €1,29.
Meloni extra, €0,77.
Zucchine, €1,29 al chilo.
Finocchi, €1,81 al chilo!

1 I cambi oggi

Media delle valute rilevata da Cambital
sulla base dei cambi di chiusura delle
Borse di Roma e di Milano.

Dollaro canadese: 0,716
Franco svizzero: 0,675
Sterlina: 1,613
Corona danese: 1,343
Corona svedese: 1,070
Yen giapponese: 0,009
Dollaro Stati Uniti: 1,130

2 Allo sportello del cambio

Impiegato: Desidera?
Turista: Vorrei cambiare 50 sterline.
　　Quant'è il cambio oggi?
Impiegato: Dunque, la sterlina …
　　1,61 euro. Ha un documento per
　　cortesia?
Turista: Sì, ecco il passaporto.
Impiegato: Bene. Si accomodi alla
　　cassa.

4 Mercato o supermercato?

Giulia: Signora senta, lei dove fa la
　　spesa di solito?
Renata: La faccio nei negozi attorno a
　　casa. La faccio tutti i giorni per
　　quello che riguarda la frutta e la
　　verdura. Invece se devo comprare
　　la pasta, i legumi, i pomodori
　　pelati, allora … preferisco fare la
　　spesa al supermercato perché è più
　　comodo e si risparmia.
Giulia: Ogni quanto fa la spesa al
　　supermercato?
Renata: Al supermercato ogni 15,20
　　giorni, dipende.

Mariella: Signora scusi, lei dove fa la
　　spesa di solito?
Ombretta: Io faccio la spesa una volta
　　alla settimana in un grande
　　supermercato. Poi giornalmente
　　compro invece, nei negozi che ho
　　sotto casa, il pane, il latte, la frutta
　　e la verdura.

Mariella: C'è un mercato vicino a casa sua?

Ombretta: Sì, ce n'è uno proprio sotto casa. Se posso vado al mercato ogni giorno, se no una volta alla settimana, perché la frutta è più fresca.

8 Oggi viene Mario a pranzo

Adriano: Oggi viene Mario a pranzo. Che facciamo?

Laura: Fa caldo! Ci vuole qualcosa di leggero.

Adriano: Nel frigo c'è un melone maturo, dev'essere buonissimo. Compriamo del prosciutto, un etto a persona.

Laura: Ci vuole anche del formaggio. In frigo c'è del pecorino… ma prendiamo del Gorgonzola, due etti, e della mozzarella fresca. Poi facciamo un'insalata mista: ci sono delle carote e del sedano, ma mancano i pomodori, il basilico e la lattuga.

Adriano: Ah, manca il pane! Prendiamo degli sfilatini e mezzo chilo di pane integrale. Basta?

Laura: Sì, certo. C'è vino?

Adriano: Ci sono due bottiglie di spumante in fresco, e l'acqua minerale, ma manca il vino: compriamo una bottiglia di Orvieto.

Laura: Per dolce, c'è una bella torta gelata e molta frutta fresca. Non manca niente.

9 Dal fruttivendolo

A: Buongiorno. Desidera?

B: Buongiorno. Un chilo di pomodori verdi per favore.

A: Ecco a lei. Altro?

B: Un po' di basilico, grazie. Quant'è?

A: €1,80 in tutto.

Dal fornaio

A: Buongiorno. Desidera?

B: Vorrei tre sfilatini.

A: Altro?

B: Sì, mezzo chilo di pane integrale, per favore.

Dal salumiere

A: Buongiorno. Dica?

B: Vorrei del prosciutto buono.

A: Provi questo San Daniele: è squisito.

B: Hmmm! Buono! Tre etti per favore!

11 I negozi

Luisa: Nella strada dove abito ci sono devo dire negozi di ogni genere. Per esempio, alla destra del portone c'è un negozio di frutta e verdura, un fruttivendolo, molto ben fornito. Quando faccio la spesa, lì compro anche l'acqua minerale.

Giulia: Quali altri negozi ci sono vicino a lei?

Luisa: Accanto al fruttivendolo, c'è un piccolo negozio di alimentari che vende pane, pizza, la pasta e altre cose. Poi c'è un'ottima gelateria dove il mio bambino fa sempre una sosta.

Giulia: E se vuole comprare la carne, dove la compra?

Luisa: Il macellaio è di fronte, devo attraversare la strada.

Giulia: Allora le spese giornaliere le fa nei negozi della sua strada?

Luisa: Sì, in questa strada c'è un altro negozio di generi alimentari che ha delle cose veramente squisite, soprattutto prosciutto, salumi, formaggi freschissimi, veramente molto buoni.

14 Ricette

Si mette in una pentola l'<u>aglio</u> con un po' d'<u>olio</u> e si fa rosolare per due minuti. Si aggiunge una scatola di <u>pelati</u>, <u>sale</u> e pepe e un po' di <u>basilico</u>. Si cuoce per dieci minuti e si aggiunge alla pasta già cotta.

20 L'ora dei pasti

A: A che ora fate colazione a casa vostra?

B: Generalmente facciamo colazione alle 7.30 ... Mio marito beve solo un caffè in piedi ... io prendo un cappuccino con qualche biscotto, mentre mio figlio beve un succo di frutta e un tè al limone.

A: E a che ora si pranza?

B: Torniamo tutti a casa per il pranzo, che è il pasto principale. Io esco di solito dal lavoro all'una, alle 13, e quindi noi mangiamo di solito alle 13,30, cioè all'una e mezza.

A: E la cena? A che ora si cena?

B: La cena, dunque ... a casa nostra ceniamo normalmente verso le otto, otto e mezza. È un pasto leggero.

UNITÀ 7

2 Gianna fa due telefonate

Pronto, sono Gianna.
Come va? Stai meglio oggi?
Sono contenta. E tuo figlio come va?
Bene ... Allora ci vediamo in ufficio alle 10.
A più tardi. Ciao.

Pronto, sono Gianna Bonelli.
Buongiorno. Come sta?
E la sua vacanza, è andata bene?
Benissimo ... Allora la vedo in ufficio alle 10.
A più tardi. Arrivederla.

7 I ragazzi di Modena

Elena: Mi chiamo Elena, ho 17 anni e vivo a Modena in un quartiere di periferia chiamato Sacca. Il quartiere è molto carino e ci sono vari bar, negozi, una polisportiva e un centro commerciale. La mia casa dista circa tre chilometri dalla nostra scuola, che può essere raggiunta con l'autobus. Ho una sorella di 25 anni che si chiama Barbara, e Afra, la sorella di mio padre, vive con noi. Amo molto gli animali, e infatti ho un cane, Eddie, molto affettuoso. Ho otto canarini e l'acquario con i pesci. Mi piacciono gli sport in generale e in particolare il nuoto. Amo la musica di ogni genere. Come hobby colleziono francobolli, buste e monete insieme a mia sorella e mio padre.

Max: Ciao, mi chiamo Max e abito a Formigine, un paese vicino Modena. Vado a scuola in treno, ci metto circa un quarto d'ora e i miei hobby sono la musica, suono un po' la chitarra. Mi piace leggere molto e pratico qualche sport come la corsa a piedo, footing, nuoto, tennis e qualche volta calcio.

Lorenza: Ciao, mi chiamo Lorenza e ho 17 anni, però tutti i miei amici mi chiamano Lori. Abito in un appartamento a Modena. Sono abbastanza vicino a scuola, vengo in autobus e ci metteremo dieci minuti non di più a venire a scuola. Sono figlia unica, non ho animali in casa, non ho fratelli né sorelle. Mi piace la musica di ogni genere, il cinema soprattutto *d'essai*, e stare con gli amici. Come musica il mio cantante preferito è Sting. Mi piace anche leggere e il mio scrittore preferito è Armanes. Sono già stata a Londra, ma sono molto contenta di tornarci perché mi sono trovata molto bene.

Filippo: Mi chiamo Giancani Filippo, abito a tre chilometri dalla scuola e mi reco a scuola in macchina con mia mamma, o in motorino, o in autobus che mi lascia vicino alla scuola. La mia famiglia è composta da mia madre, mia sorella che ha 18 anni e da me che ne ho 17. Mi piace molto giocare a tennis, nuotare, sciare e giocare a pallavolo. Inoltre mi piace la musica in generale e mi piace molto giocare a biliardo e … sono molto bravo. Mi piacciono anche le belle ragazze!

Daniela: Ciao mi chiamo Daniela, ho 17 anni. Abito a San Vito che dista circa 20 minuti di corriera da Modena. San Vito è molto piccolo tanto che tutti si conoscono; è abbastanza carino e c'è molto spazio verde. Vivo in una casa abbastanza grande con giardino e campagna intorno. Con me vivono mia madre, mio padre, mia nonna e mio fratello che ha otto anni. Amo molto la musica, suono il sax, e mi interesso anche di astrologia. So pattinare, nuotare, e frequento una palestra per tenermi in forma.

18 La mia routine

Quando faccio il turno del pomeriggio prendo le cose con calma. Mi sveglio alle sette e trenta e mia moglie mi porta il <u>caffè</u> a letto. Alle otto accompagno in <u>macchina</u> i figli a scuola e mia moglie al lavoro, poi passo <u>al bar</u> e se trovo qualche <u>amico</u> prendo un caffè con loro. Alle nove e trenta torno a casa e faccio qualche <u>lavoretto</u>, metto in <u>ordine</u> eccetera.

A <u>mezzogiorno</u> faccio bollire <u>l'acqua</u> per la pasta, friggo due <u>uova</u>, mi fumo <u>una sigaretta</u>, sparecchio e preparo il <u>panino</u> che devo portarmi al lavoro. Alle 13 vado in <u>autobus</u> in <u>fabbrica</u> e arrivo alle 13,45. Inizio <u>il lavoro</u> alle 14, alle 18 mangio il <u>panino</u>, <u>parlo</u> con i compagni di lavoro, e finisco alle 22.

Arrivo <u>a casa</u> alle 23,15. <u>Mangio</u> un panino o un dolce se c'è, <u>guardo</u> la tv e qualche volta mi addormento in <u>poltrona</u>!

UNITÀ 8
2 Regali

Vittoria: Vieni a fare spese con me oggi pomeriggio?

Cecilia: Perché? Dove vai?

Vittoria: Vado a comprare un regalo per Paolo.

Cecilia: Che <u>gli</u> regali?

Vittoria: Forse la Tosca in compact disc. Sai lui adora l'opera. E io <u>gli</u> voglio bene.

Cecilia: E a Antonia? Che <u>le</u> regali?

Vittoria: Degli orecchini un po' pazzi che <u>le</u> piaceranno di sicuro.

Cecilia: E a Savina? Che <u>le</u> regali?

Vittoria: Be', lei è un'artista: <u>le</u> regalo un tappeto colorato.

4 Le spese

1 **A:** Desidera?

B: Vorrei vedere un orologio per favore.

A: Da uomo o da donna?

B: Da donna.

2 **A:** Desidera?

B: Buongiorno. Signorina, mi fa vedere quella borsa marrone per favore?

A: Quella di pelle?

B: No, quella di tela.

3 **A:** Desidera?

B: Vorrei vedere un profumo per signora.

A: Dior, Givenchy, Armani?

B: Armani, grazie. Posso provare?

A: Prego, faccia pure. Le piace?

4 **A:** Vorrei vedere quel registratore in vetrina, per favore.

B: Quello per due cassette o solo una?

A: Per due cassette, grazie. C'è anche la radio?

5 **A:** Buongiorno. Desidera?

B: Vorrei vedere un golfino da donna, per favore.

A: Ne abbiamo di lana, di cotone, di seta …

B: Di lana. Rosso, se c'è.

A: Che taglia?

B: La 42.

6 **A:** Buongiorno. Desidera?

B: Buongiorno. Vorrei vedere delle scarpe da uomo blu, di pelle, numero 43.

A: Mi dispiace, non ne abbiamo.

6

1 A: Buongiorno.

B: Buongiorno. Signorina, mi fa vedere quella borsa marrone per favore?

A: Quella di pelle?

B: No, quella di tela.

A: Ecco quella di tela. Costa solo 22 euro. È comoda e molto forte.

B: No, mi scusi, non mi piace. Mi fa vedere quella di pelle?

A: Ecco a lei. Questa è più cara: 98 euro.

B: Ma mi piace. La prendo.

2 A: Buongiorno. Desidera?

B: Vorrei vedere un golfino da donna, per favore.

A: Ne abbiamo di lana, di cotone, di seta …

B: Di lana. Rosso, se c'è.

A: Che taglia?

B: La 42.

A: Mi dispiace, la 42 in rosso non c'è. C'è in rosa o marrone.

B: Forse rosa … Quanto viene?

A: 62 euro. È un'occasione. Lo prende?

B: No, mi dispiace, è troppo caro. Grazie e arrivederla.

3 A: Buongiorno. Desidera?

B: Buongiorno. Vorrei vedere delle scarpe da uomo nere, di pelle, numero 43.

A: Mi dispiace, non ne abbiamo.

B: Allora mi fa vedere dei sandali marroni, sempre numero 43.

A: Mi dispiace, non ne abbiamo.

B: Oh Dio … Allora mi fa vedere delle scarpe sportive di tela, bianche, per cortesia? Numero 43?

A: Mi dispiace signore, non ne abbiamo.

B: Ma insomma, che razza di negozio è questo?!

A: Non è un negozio di scarpe, signore, è una farmacia!

12 Valentina e Armando vanno a Londra

Mariolina: Valentina, cos'hai messo in valigia?

Valentina: Allora, ho portato tre paia di pantaloni, due o … no, tre gonne, diciamo sei magliette, tre o quattro camicie, due maglioni, e … e poi … E poi … vabbè, ho portato una giacca sportiva, la mia biancheria, quattro o cinque paia di scarpe e poi basta.

Mariolina: E le calze?

Valentina: Ho portato anche quelle, cinque paia di calze.

Mariolina: Armando, senti cos'hai messo in valigia per venire a Londra?

Armando: Ho messo delle camicie, un maglione, un golf … Tante camicie, adesso che mi ricordo, perché così devo lavarne di meno stando a

Londra, e poi le calze, la biancheria e naturalmente non soltanto cose di vestiario: libri, notes, spazzolino da denti, sapone, pettine, tutte quelle cose che sono necessarie quando uno si assenta per due settimane da casa.

14 Gli amici di Caterina

Qui siamo in un posto che si chiama I Sassi, vicino Modena, ed è bellissimo … Vedi la ragazza con i capelli lunghi, che porta i pantaloncini corti a righe rosa e il top bianco? Si chiama Nicoletta. L'altra ragazza con i pantaloncini corti e una maglietta bianca e i capelli biondi cortissimi si chiama Francesca. Sono due mie vecchie amiche. Poi c'è una ragazza che porta la gonna a fiori e una camicetta gialla con la cinta alta: lei si chiama Barbara – è molto simpatica. La ragazza con la maglietta gialla e gli occhiali da sole si chiama Antonia, è milanese. I due ragazzi in jeans sono Enrico (quello con la maglietta bianca) e Filippo (quello con la camicia bianca). E la turista che guarda il panorama – quella sono io!

21 Che sta facendo?

1 **A:** Buongiorno. Vorrei parlare con la dottoressa Milani.
   B: Mi dispiace, sta visitando.

2 **A:** Pronto? Vorrei parlare con la Dottoressa Milani.

B: Mi dispiace, sta parlando all'altro telefono.

3 **A:** C'è la dottoressa Milani per favore?
   B: Mi dispiace, in questo momento sta andando in ospedale.

4 **A:** La dottoressa Milani per favore.
   B: Mi dispiace, in questo momento sta pranzando.

5 **A:** Vorrei parlare con la dottoressa Milani.
   B: Mi dispiace, in questo momento sta scrivendo ricette per un paziente.

6 **A:** Vorrei parlare con la dottoressa Milani per favore.
   B: Mi dispiace, in questo momento sta uscendo. Chiudiamo alle sei.

UNITÀ 9

Focus

A: Cosa hai fatto di bello a Natale?

Serena: Sono andata a sciare, è stato fantastico.

Gianfranco: A Capodanno sono andato a una bellissima festa.

Carlo: Ho mangiato troppo, ho bevuto troppo, ho speso troppo, però mi sono divertito un sacco.

Francesca: Di solito resto a Roma, ma quest'anno sono andata a Parigi con amici.

Antonio: Ho passato il Natale in famiglia, con i miei.

2

Armando: Cosa hai fatto di bello a
Capodanno?

Mario: Sono andato a una festa.

Armando: Ah, ti piacciono le feste!
Pensa, io non so ballare!

Mario: E allora, cosa hai fatto?

Armando: Be', io ho invitato amici a
cena.

Mario: Quante persone hai invitato?

Armando: Una decina di persone.

Mario: Hai cucinato tu?

Armando: No, non ho cucinato tutto
io. Mi ha aiutato un amico che è
bravissimo.

Mario: E a che ora sei andato a
dormire?

Armando: Sono andato a dormire alle
cinque di mattina!

3 Franco e Bibi a Londra

M: Cosa avete di bello in questa
piccola vacanza londinese?

Bibi: Siamo arrivati SABATO alle tre
del pomeriggio. Abbiamo preso la
metropolitana e siamo venuti a casa di
mia cognata: siamo stati il pomeriggio
insieme, a chiacchierare, a parlare, a
scambiarci tutte le notizie. La sera
siamo andati in un ristorante italiano
che si chiama Fellini, perché è un
nostro amico che ha questo ristorante e
ci ha invitato, e abbiamo mangiato gli
spaghetti all'aragosta, i crostini col
tartufo, abbiamo bevuto champagne.
Abbiamo passato una bella serata e
poi siamo venuti a casa.

DOMENICA mattina ci siamo alzati
abbastanza presto e siamo andati a
vedere il Salone della Nautica e
abbiamo visto bellissime barche a vela,
e siamo stati lì tutto il giorno. Poi siamo
ritornati a casa a abbiamo fatto una
bella cena italo–inglese. E poi siamo
andati a dormire tardi, dopo aver molto
chiacchierato.

Poi LUNEDÌ mattina abbiamo preso la
metropolitana e siamo andati a
Piccadilly Circus, e da lì abbiamo girato
un po' di strade eleganti, negozi di
guanti, vestiti, porcellane, cose inglesi.
E poi siamo andati a Wimbledon da
certi nostri amici e poi siamo ritornati a
casa, abbiamo cenato, chiacchierato, e
siamo andati a letto tardi.

E poi MARTEDÌ ci siamo alzati presto,
siamo andati da Harrods e abbiamo
girato questo negozio bellissimo negozio
da tutte le parti. E poi … e poi ci è
venuto a prendere un nostro amico.
Siamo andati a Portobello, però tutti i
negozi erano chiusi, non abbiamo visto
niente. Poi siamo tornati a casa,
abbiamo pranzato, adesso io vado a fare
le valige e poi prendiamo la
metropolitana fino a Heathrow e
partiamo.

11 La settimana bianca

La Val di Fassa è situata ai piedi delle
famose Dolomiti nel Trentino. È un
centro unico per le sue escursioni, e ha

tutte le attrezzature per gli amanti dello sci. Dispone di ben 150 chilometri di piste da sci e di 50 chilometri di piste da fondo. Gli impianti di risalita contano 51 sciovie, 29 seggiovie, due funivie e nove cabinovie. Le scuole di sci sono tradizionalmente molto buone, con maestri altamente qualificati. E se non avete sci, ci sono centri di noleggio a buon prezzo.

In Val di Fassa troverete anche belle piste di pattinaggio sul ghiaccio, piscine coperte e campi da tennis. E per il doposci, ci sono numerosi bar, discoteche, ristoranti e pizzerie. Buona settimana bianca!

12 Sai sciare?
Paolo: Sai sciare?
Fabio: Sì, abbastanza bene.
Paolo: Quando hai imparato?
Fabio: Cinque anni fa.
Paolo: Dove hai imparato?
Fabio: A Cervinia.
Paolo: Come hai fatto?
Fabio: Ho preso lezioni da un bravo maestro di sci.

14 All'Agenzia Tuttaneve
Sandra e Luigi: Noi sappiamo sciare bene, ma abbiamo due bambini ancora piccoli, di sette e nove anni… Perciò vogliamo un posto possibilmente vicino a un paese. con attrezzature per nuotare, pattinare sul ghiaccio e giocare a tennis. Ci piacerebbe veramente una casa, una

casetta, invece che un albergo, e a pensione completa. È possibile? E ci sono riduzioni per i bambini?

Piera: Senta, noi siamo tre vecchie amiche. Non siamo principianti, però non sciamo da molti anni. Vogliamo lezioni di sci, molte attività ma anche qualche lusso… come sauna o idromassaggi. Soprattutto, abbiamo bisogno di una perfetta organizzazione, con giornate strutturate bene. Ma non vogliamo spendere troppo!

Giacomo: Io sono appassionato di sci-alpinismo e quest'anno vorrei fare dei corsi speciali, possibilmente fuoripista con la guida. Desidero un posto silenzioso e tranquillo in alta montagna, con servizio medico se possibile, perché viene anche mio padre che è anziano e vuole riposarsi. Il mese migliore per noi è marzo. I soldi non sono un problema.

UNITÀ 10
Focus
I programmi di questa sera, martedì 29 agosto.
Alle 16,15 il nuovissimo quiz
      FORZA RAGAZZI!
Alle 16,45 appuntamento col giallo:
      MARNIE di Hitchcock.

Segue alle 18,15 TRENT'ANNI DELLA NOSTRA STORIA.
Alle 18,45 va in onda l'episodio 102 del telefilm SANTA BARBARA.
Alle 19,30 NOTIZIE SPORTIVE.
Alle 19,50 le previsioni del tempo.
Segue il TELEGIORNALE delle 20 e alle 20,30, per gli amanti della natura, il documentario QUARK SPECIALE.
Alle 21,20 IL SIGNORE DEGLI ANELLI, cartoni animati.
Alle 22,30 il TELEGIORNALE seguito dal varietà CANZONI CANZONI alle 22,40.
Alle 23,30 un programma di attualità: DROGA. CHE FARE?
Infine, alle 24,00 va in onda il TELEGIORNALE della notte seguito dalle previsioni del tempo per domani alle 24,10.

2 Un sondaggio

Intervistatrice: Guarda spesso la televisione?
Luciano: Ma direi di sì. Guardo sempre il telegiornale delle otto, poi le previsioni del tempo e un film, se c'è.
Marisa: In questo momento sono molto occupata e non ho il tempo di guardare la televisione. Però qualche volta guardo una commedia o un telefilm, soprattutto per rilasciarmi.
Intervistatrice: Che programma ha visto ieri sera?

Giuseppe: Ieri sera ho visto il telegiornale e un documentario. Poi ho visto la partita Juve-Fiorentina.
Barbara: Ho visto i cartoni animati e un film di cowboy.
Intervistatrice : Che programmi preferisce lei?
Giuseppe: Preferisco i programmi di sport.
Intervistatrice : Quante ore al giorno guarda la televisione?
Luciano: Ma, credo due o tre ore al giorno. Al weekend di più. Dipende dai programmi.

5 Il mio film preferito

Il mio film preferito è 'Il terzo Uomo'. È un vecchio film inglese diretto da Carol Reed. È un film in bianco e nero. L'attore principale è Orson Welles e l'attrice principale è Alida Valli. È un film giallo ambientato a Vienna, durante l'ultima guerra mondiale. È preso da un libro di Graham Greene.

8 Al botteghino

A: Vorrei due biglietti per favore.
B: Platea o galleria?
A: Platea.
B: Ci sono due posti in seconda fila.
A: Va bene. Quanto viene un biglietto?
B: 20 euro.
A: Allora due biglietti. Ecco 40 euro.

11 A pranzo al ristorante

Cameriere: Buongiorno signore. Cosa prende per primo?

Luciano: Vorrei… spaghetti alla bolognese.

C: Bene, e per secondo?

L: Per secondo vorrei una bistecca alla griglia.

C: Per contorno? C'è insalata, spinaci, fagiolini, pomodori… patate fritte…

L: Un'insalata, per favore.

C: Dolce o frutta?

L: Frutta. Un'arancia. E un caffè.

C: Da bere?

L: Acqua minerale e mezza bottiglia di vino rosso.

12 Emilia racconta un pranzo al ristorante

Domenica io e Roberto siamo andati a pranzo alla Rocca, sai quel ristorante nuovo, vicino al parco. Abbiamo mangiato benissimo. Per primo abbiamo preso fettuccine ai funghi e risotto. Poi io ho preso una trota, freschissima, e Roberto ha preso pollo al pomodoro. Per contorno patatine fritte, ma veramente speciali, spinaci e insalata di pomodori. Poi per dolce … per me zabaglione e per Roberto un gelato alla fragola, buonissimo. Per finire, caffè … Abbiamo bevuto una bottiglia di Chianti. Abbiamo speso poco.

UNITÀ 11

1 La ginnastica

Figura 1

Saltate a corda per tre minuti. Riposatevi per un minuto. Ripetete.

Figura 2

In piedi, prendete il piede e spingete indietro.

Figura 3

Ruotate le braccia avanti e indietro, piegando leggermente le gambe.

Figura 4

In piedi, gambe divaricate, braccia sopra la testa, stringete i gomiti.

Figura 5

Seduti a terra, gambe tese, schiena dritta, braccia in avanti, cercate di toccare i piedi. Fate l'esercizio dieci volte lentamente.

5 Lei fa sport?

Elena: Mi piacciono gli sport in generale e in particolare il nuoto.

Ilaria: Mi piace molto lo sport, so sciare, nuotare, giocare a pallavolo.

Filippo: Mi piace molto giocare a tennis, sciare, nuotare e giocare a pallavolo.

Sara: A me non piacciono molto gli sport…

Riccardo: Pratico più o meno tutti gli sport, nuoto, calcio, pallavolo, tennis e sci.

Barbara: Io ho diciotto anni. Pratico

dello sport … mi piace molto la pallacanestro. Gioco in una squadra locale e mi diverto molto.

Elisa: Mi piace molto lo sport, so sciare, nuotare, giocare a pallavolo, a tennis, a squash.

Max: Mi piace leggere molto e pratico qualche sport come la corsa a piedi (footing), nuoto, tennis e qualche volta calcio.

Daniela: So pattinare, nuotare e frequento una palestra per tenermi in forma.

9 Perché non fanno sport?

1 **A:** Lei fa sport?
   B: D'estate sì, nuoto molto, ma d'inverno no, non ho voglia.

2 **A:** Le piace lo sport?
   C: In teoria mi piace, però poi in pratica sono una pigra.
   A: Perché non ha tempo o perché non ha voglia?
   C: Perché non ho tempo.

3 **A:** Le piace lo sport? Lei fa qualche sport?
   D: Be', ogni tanto gioco a tennis ma non sono un vero sportivo, ho troppo da fare.

4 **A:** Allora, voi ragazzi, lo fate qualche sport qui nel quartiere?
   E: Ci piacerebbe molto … ma lo facciamo senza attrezzature sportive.

   A: E perché – come mai non ci sono attrezzature?
   E: Ma, costa troppo.

12 Che cos'hai?

A: Che cos'hai?
B: Non mi sento molto bene. Ho mal di testa.

A: Che hai? Non ti senti bene?
B: Ho mal di gola.

A: Che cos'ha?
B: Mi sento male. Ho mal di stomaco.

A: Che cos'ha? Non si sente bene?
B: Ho un terribile mal di denti.

A: Ti senti male, Roberto?
B: Be', ho il raffreddore e ho la tosse!
A: Poverino!

13 In farmacia

1 **A:** Buongiorno. Vorrei qualcosa per il mal di gola.
   B: Ecco, prenda queste pastiglie, sono molto buone.
   A: Quante ne devo prendere?
   B: Una ogni tre ore.

2 **A:** Buongiorno. Senta, ho un raffreddore terribile, può darmi qualcosa?
   B: Ha anche mal di gola?
   A: No, mal di gola no, ho un po' di mal di testa e un po' di tosse.
   B: Allora, prenda due compresse dopo mangiato.

A: Quante volte al giorno?

B: Due volte al giorno. E questo sciroppo la sera.

3 A: Desidera?

B: Un consiglio per favore. Il mio bambino ha gli occhi arrossati.

A: Fanno male?

B: Un po'.

A: Allora prenda queste gocce, una goccia tre volte al giorno.

4 A: Desidera?

B: Vorrei qualcosa per le bruciature.

A: Per lei o per la bambina?

B: Per la bambina.

A: Ecco, prenda questa pomata. La metta due volte al giorno. E niente sole per un paio di giorni!

UNITÀ 12

5 All'aeroporto. Arrivi

Attenzione. Il volo AZ 567 da Milano ha un ritardo di quindici minuti.

Annuncio ritardo: Il volo KL OP54 da Copenhagen arriverà alle 15,35 invece che alle 15,23.

Attenzione. Il volo LH 5488 da Monaco viaggia con un ritardo di un'ora.

Annuncio ritardo. Il volo BA 284 da Londra arriverà alle 15,50 invece che alle 15,05 a causa del maltempo.

Ci dispiace annunciare che il volo

TW 050 da Chicago ha circa 45 minuti di ritardo a causa di uno sciopero.

7 Alla stazione. Informazioni

Impiegato: Buongiorno. Dica.

Signora: Buongiorno. Vorrei sapere a che ora c'è un treno per Bologna domani mattina. Non troppo presto, per favore!

I: Dunque, la mattina ce n'è uno alle 7,45, poi…c'è un rapido all 8,00 e alle 9,02. Poi c'è un treno alle 10,00 e alle 11,00.

S: Quello delle 10,00 va benissimo. A che ora arriva a Bologna?

I: Dunque, il treno delle 10,00… arriva a Bologna alle 13,26.

S: E da che binario parte?

I: Mi dispiace signora, non lo so. Deve guardare sulla tabella o chiedere.

9 In biglietteria

Signore: Tre biglietti per Chiusi per favore. Due adulti e un bambino.

Bigliettaio: Solo andata o andata e ritorno?

S: Andata e ritorno.

B: Prima o seconda classe?

S: Seconda. Ci sono riduzioni per i bambini?

B: Quanti anni ha il bambino?

S: Dieci anni.

B: Eh… Sì… Dunque sono €11,62 per un adulto, metà prezzo per il bambino. Sono €29,05 in tutto.

S: Ecco €30.

B: Ecco a lei 95 centesimi di resto.

S: Scusi, si deve cambiare?

B: No, signore.

S: Grazie. Buongiorno.

10 Annunci

Treno diretto per Napoli proveniente da Pisa in arrivo sul binario 8.

Espresso delle 15,30 proveniente da Genova per Roma ha un ritardo di 15 minuti.

Direttissimo per Napoli delle 7,15 in partenza dal binario 17.

Rapido Genova–Napoli in arrivo al binario 1 con 20 minuti di ritardo.

Treno locale per Siena in partenza dal binario 2.

Sul binario 1, treno espresso per Roma in arrivo da Ventimiglia con otto minuti di ritardo.

13 Alla stazione di servizio

Automobilista: Buongiorno. 20 euro di benzina per favore.

Garagista: Senza piombo o super?

A: Senza piombo.

G: Subito. Altro?

A: Sì, mi potrebbe controllare l'olio?

G: Sì, certo. Un attimo.

A: E anche le gomme per cortesia.

G: Va bene!

A: E una cartina della zona, ce l'ha…?

14 In autostrada

1 **A:** Scusi, per andare a Collodi, il paese di Pinocchio…?

   B: Dunque, per Collodi… Vada sempre dritto per una ventina di chilometri. Dopo Pescia giri a destra e Collodi è subito lì, a due chilometri.

2 **A:** Scusi, mi sa dire la strada per Collodi?

   B: Facilissimo. Vada sempre dritto fino a Lucca, a Lucca giri a destra e dopo diciotto, venti chilometri trova il bivio per Collodi sulla sinistra.

3 **A:** Scusi, per Collodi, il paese di Pinocchio?

   B: Prenda l'Autostrada Firenze–mare. All'uscita di Chiesina giri a destra e vada a Pescia. A Pescia giri a sinistra e poi subito a destra ed è li.

16 Che tempo fa?

E adesso le minime della notte in queste città italiane:

14 gradi centigradi registrati a BOLZANO, 16 a Verona, 20 a Trieste, 16 a VENEZIA, 14 a MILANO, 15 a TORINO, 16 a Cuneo, 20 a GENOVA, 23 a Imperia, 16 a BOLOGNA come a FIRENZE, 14 a Pisa, 15 a Ancona, 17 a PERUGIA, 14 a PESCARA, brrr, sempre più freddo…, a L'AQUILA 8 gradi

centigradi, 14 a ROMA, 17 a
Campobasso, 18 a BARI, 19 a
NAPOLI, 13 a Potenza, 22 a Reggio
Calabria, 25 a PALERMO, 24 a
Messina, 20 a Catania, 19 gradi a
CAGLIARI e infine 15 gradi centigradi
registrati a Alghero.

20 Che tempo farà?

Sabato: Su tutto l'Appennino e sulla
costa orientale ci saranno piogge
locali. Sulle altre regioni, cielo
nuvoloso con schiarite. In Sicilia e
in Sardegna ci sarà il sole e farà
abbastanza caldo, ma il tempo
cambierà verso sera. Mari mossi o
agitati.

Domenica: Su tutto il Nord, sulla
Toscana e sulle isole ci sarà sole e
sereno. Nell'Italia centrale e
meridionale, cielo generalmente
nuvoloso o molto nuvoloso, ma ci
saranno delle schiarite. Mari mossi.
Temperature stazionarie.

UNITÀ 13

2 Armando

Mariolina: Mi può descrivere una
sua giornata tipica di vacanza?

Armando: Oh, è molto semplice:
colazione, nuoto …

M: A che ora, a che ora? Quando si
alza?

A: Abbastanza presto: le sei e mezza,
sette … Comincia con un caffè
naturalmente, e poi un altro caffè, e
poi una colazione abbastanza
sostanziosa e poi nuoto, spiaggia,
un po' di lettura, un po' di
conversazione con gli amici. E …
uno spuntino, ancora nuoto, ancora
conversazione con gli amici e poi
ritorno a casa e la preparazione
della cena oppure un ristorante.

M: Nuota anche nel pomeriggio?

A: Eh, se mi bastan le forze si.

M: La sera cosa fa?

A: Ma, passeggiate, ancora chiacchiere
con gli amici … non è che ci sia
molto da fare: d'altro canto questa
è una vacanza che ho scelto in
questo modo.

3 Flavia

Quest'anno come al solito sono venuta
in Inghilterra per raggiungere mio
marito che studia qui durante tutto il
mese di agosto. Quindi la mia vacanza
è una vacanza ma è anche un po' una
vacanza di lavoro, perché qualche volta
mi porto delle traduzioni da fare, ho dei
libri da leggere, ho delle cose
importanti da ricercare…

Londra mi piace molto, soprattutto
quando il tempo è bello come è stato
quest'anno, eccezionalmente caldo,
soleggiato…

5 In crociera

Famiglie con ragazzi fino a 18 anni?
Sposi in viaggio di nozze? Terza età?
Uomini d'affari? La Crociera
Primavera fa per voi! Vi offre un
viaggio stupendo nelle acque blu del
Mediterraneo, con cabine confortevoli,
ristorante con menù alla carta,
spettacoli tutte le sere, e visite alle isole
e alle città più belle del Mediterraneo.
Tutto questo a prezzi
eccezionali, con sconti speciali dal 20 al
29 aprile! Si parte da Genova e si torna
a Genova. In mezza settimana si visita
non solo la famosa Grotta Azzurra di
Capri, ma anche il Golfo di una delle
tre grandi isole del Mediterraneo …
Non perdete questa occasione questa
primavera!

11 La vacanza di Laura

Giuliana: Laura, mi puoi descrivere
questa lunga vacanza …, dove sei
andata, con chi, come…?

Laura: Siamo andate in Sardegna,
eravamo sei ragazze, io e altre
cinque amiche, e sette ragazzi, tutti
amici. Siamo partiti insieme da
Rieti; abbiamo preso il treno fino a
Civitavecchia e poi il traghetto.
Siamo arrivati a Olbia e siamo
andati in campeggio. Abbiamo
piantato le tende e siamo rimasti
una quindicina di giorni.

G: Il posto com'era?

L: Il posto era bello, come mare era
molto bello…

G: E il campeggio?

L: Il campeggio era abbastanza
carino…era proprio sul mare,
quindi era comodo.

G: C'erano tutti i servizi, cioè i negozi
di alimentari…?

L: No, quello no, anche perché il
campeggio stava a un chilometro
dal paese, quindi … e potevamo
andare direttamente a comprare.

G: Ma che c'era in questo campeggio
di utile?

L: C'era il ristorante…

G: Una piscina?

L: Be' no, perché appunto c'era il
mare proprio … e poi ovviamente
le docce, i bagni per lavare … le
stoviglie.

G: Ma il tempo com'era? Era caldo?

L: Sì, era caldo, però tirava
abbastanza vento, quindi si stava
bene anche in spiaggia, perché era
ventilato.

13 Che farà Emilia?

Giuliana: L'anno prossimo che
programma ha per le vacanze?

Emilia: Penso che prima andrò, anzi
tornerò in Inghilterra con mia figlia
e starò una diecina di giorni. Da
Londra mi spingerò penso a
Edimburgo, se sarà possibile, in
Scozia, perché la parte meridionale
dell'Inghilterra la conosco bene,
quindi andremo penso verso il
Nord, verso la Scozia.

Giuliana: E poi il mare…
Emilia: Poi al mare penso che andremo
   in Spagna, facendo una visita prima
   ad alcune città, Granada, Toledo …
   e poi fermandoci sulla costa
   meridionale. Penso che sarà una
   vacanza piuttosto divertente,
   piacevole e un po' diversa.

UNITÀ 14

1 Con che fa rima?
Sta sopra il collo e le spalle e fa rima
   con festa: Testa
È bianca, viene d'inverno e fa rima
   con beve: Neve
Ci arrivano i treni e fa rima con
   nazione: Stazione
Chiude la stanza e fa rima con torta:
   Porta
È amico dell'uomo e fa rima con
   pane: Cane

7 Trasporti
Quando vado in Italia generalmente
prendo l'aereo, non è faticoso come il
treno. Dall'Inghilterra in due ore arrivi.
Ti siedi, prendi un aperitivo o una birra,
guardi fuori e sei già arrivato. A me
piace moltissimo guardare fuori,
specialmente quando si passa sopra le
Alpi: è uno spettacolo straordinario con
il sole e la neve e poi i laghi. Ah, è
stupendo.

Io veramente preferisco il treno, prendo
sempre il treno e mi piace moltissimo.
È rilassante. Anche ai miei bambini
piace molto; ci portiamo un picnic,
panini, aranciate … Se voglio mi
prendo un caffè caldo e il tempo passa
presto. E poi c'è un panorama
bellissimo quando si entra in Italia.

9 Suoni italiani
1 Telefono libero e occupato
2 Gente in piazza
3 Campane
4 Campanella della Messa
5 Cicale e uccelli a villa Adriana
6 Nel bar
7 Una pizzeria
8 Sul pullman
9 L'ora esatta alla radio
10 Traffico a Roma

10 La città più bella
Be', ti posso raccontare una storia.
Quando Calvino è andato in
Giappone – Italo Calvino – gli hanno
dato una guida che era molto brava e
che parlava l'italiano perfettamente,
che parlava l'italiano in modo
perfetto.
Lui si è stupito di questa efficienza
linguistica e gli dice: Ma lei, com'è che
conosce l'italiano così bene?
E dice … la guida giapponese dice –
l'interprete dice: Sono stato in Italia
a lungo.
Ah sì … E secondo lei qual è la città
più bella d'Italia: forse Roma?
No, dice, Roma no.

Allora – dice – sarà Firenze.
No, Firenze ... Firenze non è un gran
che.
Allora – dice – non so, Venezia ...
No, per carità, a Venezia c'è l'acqua!
Dice, ma allora qual è la città più
bella?
È Cuneo, dice il giapponese.

E Calvino non riusciva a capire come
avesse fatto a scegliere questa cittadina,
che io ho detto che è bella, ma che non
è certo più bella di nessun'altra di
queste piccole città italiane.